Palavra e ação

O trabalho de iluminação das consciências parte necessariamente da realização do próprio exercício de auto-renovação.
Mente, coração e braços conjuntos no labor em favor do Bem devem ser a oficina de cada obreiro compromissado com a Verdade.
Saúde e paz são estados d'alma a se refletirem no corpo em inequívoco espelho.
Façamos da palavra a ação no Bem!

Antônio de Miranda
(Francisco Cajazeiras)

Conselhos de Saúde Espiritual

EDITORA EME

Edição e distribuição:

EDITORA EME

Caixa Postal 1820 - CEP 13360-000 - Capivari-SP
Fone/fax: (19) 3491-7000 / 3491-5449
E-mail: atendimento@editoraeme.com.br
Site: www.editoraeme.com.br

Solicite nosso catálogo completo com mais de 400 títulos.

Não encontrando os livros da EME na livraria de sua preferência, solicite o endereço de nosso distribuidor mais próximo de você através do fone/fax ou e-mail acima.

Conselhos de Saúde Espiritual

Francisco Cajazeiras

Espíritos Diversos

Capivari-SP
2007

Conselhos de Saúde Espiritual
Francisco Cajazeiras/Espíritos Diversos
4ª edição - dezembro/2007
Do 5.501 ao 6.000 exemplares

Capa:
Ellen Pestili

Revisão gramatical e doutrinária:
Rubens Toledo (Jornalista)

Diagramação e Projeto Gráfico:
André Stenico

Ficha Catalográfica

Cajazeiras, Francisco (médium), Espíritos diversos.

Conselhos de Saúde Espiritual, Francisco Cajazeiras/médium, Espíritos diversos, (1ª edição, julho/2004), 4ª edição dezembro/2007, Editora EME, Capivari-SP.

160 p.

1 - Auto-Ajuda - Mensagens de Auto-conhecimento

2 - Reforma Íntima - Espiritismo

CDD 133.9

Sumário

Explicação

O conteúdo mediúnico desta despretensiosa obra traz-nos sutilmente à baila a nossa carência educacional moral, deixando claro que o domínio positivo dos sentimentos, o treino do nosso comportamento para o Bem e a destinação consciente e racional das nossas emoções são recursos favoráveis e indispensáveis à nossa saúde integral.

Os Espíritos* que participaram desta jornada falam de amor, de caridade, de fraternidade, de tolerância, de perdão e de outras atitudes mentais como

---

* Nota da editora – A segunda parte desta obra é toda constituída de mensagens, ditadas ao médium, Francisco Cajazeiras, por diversos Espíritos.

imprescindíveis à nossa paz interior e ao nosso equilíbrio, neutralizando sentimentos menos dignos como o ódio, a inveja, o ciúme, a maledicência, no estado *borderline,* limítrofe, em que nos encontramos neste mundo.

Informam-nos esses Benfeitores, por outro lado, que a transformação moral não se faz de improviso, em um arroubo da alma, mas a partir do conhecimento – próprio, do mundo e da vida –, como também do esforço pessoal de cada um, enfrentando os seus monstros internos e a sua sombra, no sentido de transformar aqueles em dóceis animais domesticados e de fazer luz sobre esta, a partir da projeção anímica dos valores divinos.

Incentivado pelo editor, resolvi inserir, como introdução, um breve ensaio sobre o perdão, intitulado "O Valor Terapêutico do Perdão"*, que em verdade constitui sinopse do meu próximo livro, com a mesma denominação, a ser lançado brevemente pela Editora EME.

Além dele, ponho à disposição do leitor amigo, à guisa de sugestão, uma orientação para a realização do estudo* em família do Evangelho, por entender que o Evangelho de Jesus é o verdadeiro roteiro para a felicidade e para a harmonia espiritual, psicológica, biológica e social.

Esperançoso da validade destas inserções do autor encarnado nesta obra mediúnica, agradeço o carinho e o incentivo de todos os amigos.

---

* Nota da editora – Estes textos constituem a primeira parte desta obra; são de autoria do médico e escritor Francisco Cajazeiras.

PRIMEIRA PARTE

Introdução

TEXTOS DE
Francisco Cajazeiras

Ah! quando todos os homens compreenderem tudo o que encerram as palavras amor e caridade, na Terra não haverá mais soldados nem inimigos; só haverá irmãos; não haverá mais olhares torvos e irritados; só haverá frontes inclinadas para Deus!

Allan Kardec

1 - O valor terapêutico do perdão

1 - ESPÍRITO, SAÚDE E DOENÇA

O planeta Terra está, sem nenhuma sombra de dúvidas, enfermo. Um mundo doente. Mas como não é um organismo vivo – pelo menos do ponto de vista científico – suas misérias são o reflexo dos seres pensantes que nele habitamos.

São inumeráveis as afecções que atingem a Humanidade como um todo. Afinal de contas, quem nunca esteve agudamente doente? E quem pode afirmar categoricamente que isso nunca irá se repetir?...

À medida que o conhecimento antropológico se amplia, a partir da curiosidade do homem sobre si mesmo, desvendando-lhe as diversas facetas existenciais, mais ele se dá conta que a saúde está comprometida em todos os seus horizontes constitutivos.

A Organização Mundial de Saúde – OMS – define Saúde como sendo *"a completa sensação de bem-estar físico, mental e social, e não apenas ausência de doenças"*, o que expressa uma visão bastante ampla dos seus membros integrantes. Eu, porém, ousaria acrescentar aos demais aspectos da saúde **o bem-estar espiritual**. Até porque os bem-estares físico, mental e social têm na condição da saúde espiritual a sua razão de ser. É, no entanto, a própria pesquisa científica que caminha a passos largos para esta comprovação, mesmo sem o saber ou procurar especificamente.

Todas as doenças têm causa no Espírito. Pode parecer exagero de minha parte tal assertiva, mas reafirmo que até uma simples "gripe" decorre de problemas espirituais. –*"Mas não sabemos que a gripe é causada por um vírus?!! Então, como aceitar tal afirmativa como verdadeira?"* – exclamarão muitos.

Ora, por que motivo não adoecemos invariavelmente ao mantermos um contato mais próximo com pessoa infectada pelo vírus gripal? E por que, às vezes, muito embora sem ter contato algum com pessoa gripada, ainda assim, sobrevém-nos a doença em sua forma mais intensa? A isso, responderão alguns: – *"Simples! Por causa de um momento de baixa resistência orgânica. São as oscilações do sistema imunológico!"* A resposta está correta, mas a ciência já comprova que os estados emocionais estão diretamente relacionados com essas oscilações: sentimentos e comportamentos emocionais positivos como o amor, o otimismo, a alegria, o riso, o bom humor melhoram a performance do sistema de defesa do nosso organismo, dando-se exatamente o oposto, quando nos envolvemos com o ódio, a mágoa, o ressentimento, a tristeza, o mau humor etc.

Isso tudo vem sendo demonstrado por um novo ramo do conhecimento médico denominado Psiconeuroimunologia, definido pelo Dr. Geraldo José Ballone[1], em seu livro *Da Emoção à Lesão*[2], como sendo:

"O estudo da interação e comunicação entre a mente e os três sistemas responsáveis de manter o organismo equilibrado: o sistema nervoso, o imune e o endócrino."

Podemos entender, do ponto de vista espírita: a relação do Espírito (mente) com os sistemas orgânicos, pois é ele quem pensa, quem sente e quem tem emoções.

Entre os sentimentos negativos mais prejudiciais para a nossa saúde destacam-se a raiva e a ansiedade, como explica o Dr. Ballone:

*"Já existem conhecimentos suficientes para afirmar que as emoções positivas potencializam a saúde, enquanto as emoções negativas tendem a comprometê-la. (...) Entre as diversas emoções com respostas fisiológicas importantes, a **ansiedade** e a **raiva** parecem ser as mais importantes."*[3] (Grifos do autor).

Atualmente, não são apenas as religiões que nos

---

1 Médico psiquiatra, vice-presidente da Associação Paulista de Psiquiatria Clínica, presidente do site PsiqWeb (www.psiqweb.med.br).

2 BALLONE, Geraldo José; NETO, Eurico Pereira & ORTOLANI, Ida Vani. – *Da Emoção à Lesão*. Barueri-SP.

3 Idem, ibidem.

orientam à bondade e ao amor para sermos felizes no futuro; a própria ciência conclui pela necessidade de cultivarmos bons pensamentos e sentimentos para edificarmos a felicidade já a partir desta vida, a partir do patrocínio da saúde a nos favorecer um melhor aproveitamento humano e espiritual do estágio terreno em que fomos matriculados sob direção da Sabedoria Divina.

2 - EVANGELHO E CIÊNCIA

2.1 - O AMOR AOS INIMIGOS

Jesus, o Excelso Médico das almas, conclama-nos em seu Evangelho à vivência do amor e à prática do perdão.

"Amai os vossos inimigos, fazei bem aos que vos odeiam e orai pelos que vos perseguem e caluniam.[4] *"*

Até hoje costuma-se considerar uma utopia amar os inimigos e se considera que somente Jesus estaria em condições de perdoar as ofensas. Porque – diz-se comumente –, mesmo que se esteja disposto a perdoar, há uma reação até mesmo orgânica, uma rejeição ao ofensor, um mal-estar ante sua presença. Ao Espiritismo coube esclarecer, fazer luz sobre a questão em pauta, por trazer a chave que abre a porta dos evangelhos ao nosso entendimento.

A dificuldade para amar os inimigos baseia-se não apenas nas nossas imperfeições – apesar de sua

---

[4] Mateus, 5: 44.

importância –, mas também no fato de não compreendermos que o amor, em nosso panorama evolutivo, encontra-se em fase de desenvolvimento e que, para isto, a Lei Natural, posiciona-nos na vida em condições de experimentar este sentimento em múltiplas facetas (amor conjugal, amor paterno-maternal, amor filial, amor fraternal...), para com o tempo efetuarmos a síntese que nos levará ao amor incondicional, cujo exemplo maior em nosso mundo concentra-se em Jesus de Nazaré.

"Amar aos inimigos" – ensina-nos Allan Kardec, em *O Evangelho Segundo o Espiritismo*[5] – *"não é ter por eles uma afeição que não é natural, uma vez que o contato de um inimigo faz bater o coração de maneira inteiramente diversa que o de um amigo. Mas é não lhes ter ódio, nem rancor, nem desejo de vingança. É perdoar-lhes sem segunda intenção e incondicionalmente pelo mal que nos fizeram."*

Então, a aparente impossibilidade está no fato de possuirmos uma palavra apenas para expressar um sentimento que se encontra em construção em nós e entre nós e que, por isso mesmo, ainda se apresenta sob vários aspectos, pois é bastante óbvio que ainda não reunimos as condições de amar indistintamente a todos, o que não implica sermos incapazes de vivenciar este sentimento em suas multiplicadas vertentes. O desamor, o ódio, o ressentimento, a mágoa são elementos emocionais que clamam neutralização pelo amor, em aprendizado em favor do nosso bem e da nossa saúde.

---

[5] KARDEC, Allan. – *O Evangelho Segundo o Espiritismo*. Editora EME, cap. XII, item 03. Editora EME: Capivari-SP.

2.2 - O PERDÃO DAS OFENSAS

Certa vez, Jesus fazia preleção aos seus discípulos sobre o perdão, como de costume utilizando a sua "pedagogia do cotidiano":

"Se teu irmão pecar contra ti, vai e corrige-o entre ti e ele somente; se te ouvir, ganho terás o teu irmão.[6] *"*

Pedro, o valoroso apóstolo, sincero e impulsivo – tudo indica vivenciando alguma mágoa e ressentimento decorrente de alguma injúria –, pergunta-lhe de pronto:

"Senhor, quantas vezes poderá pecar o meu irmão contra mim, para que eu lhe perdoe? Será até sete vezes?[7] *"*

O valoroso líder do movimento cristão que se formou logo após a morte de Jesus, já sabia antecipadamente que o perdão deveria ser a reação natural do homem de bem ante as agressões, tanto que usou o número cabalístico "sete", que não expressa aqui de forma alguma o seu valor absoluto, mas sugere uma idéia numérica elevada, tendente ao infinito. Mesmo assim, Jesus ainda hiperboliza com a seguinte resposta:

"Não te digo que até sete vezes, Pedro, mas que até setenta vezes sete vezes.[8] *"*

Conta-se, no Movimento Espírita Brasileiro, que o saudoso médium Francisco Cândido Xavier, sobre esta passagem indagou ao seu mentor espiritual Emmanuel:

"Emmanuel, então se deve perdoar as ofensas por

---

[6] Mateus, 18: 15.

[7] Mateus, 18: 21.

[8] Mateus, 18: 22

quatrocentas e noventa vezes?...", ao que o Espírito respondeu: *"Cada ofensa,Chico! Cada ofensa!"*

3 - ENTENDENDO O PERDÃO

3.1 - DA NECESSIDADE DE PERDOAR

As propostas espirituais para o perdão, muito bem elucidadas pela investigação espírita, com os recursos do instrumental mediúnico, confirmam a validade dos ensinamentos de Jesus, não como uma advertência exclusivamente ético-religiosa, mas especialmente em seu sentido mais pragmático das repercussões sobre a felicidade futura no *post-mortem*.

As ciências psicofisiológicas vêm dando passos largos para elucidar a repercussão dos estados psicológicos negativos na determinação de um sofrimento e um mal-estar não apenas do ponto de vista psicológico, mas inclusive com drenagem na organização somática.

O Dr. Carl Simonton e a Dra. Stephanie Mathews-Simonton, baseando-se em suas experiências e em suas observações clínicas nos Estados Unidos afirmam:

"Uma inclinação a guardar ressentimentos e uma marcada incapacidade para o perdão são a característica psicológica-chave das pessoas com tendência ao câncer.[9] *"*

Sendo assim, fácil é concluirmos que **perdoar é um ato inteligente; é uma estratégia de saúde**.

---

[9] Apud CASARJIAN, Robin. – "O Livro do Perdão". Trad. Pedro Luiz Vasquez Ribeiro. Rocco: Rio de Janeiro.

3.2 - O SIGNIFICADO DO PERDÃO NA PRÁTICA

Muito embora a apreensão intelectual daquela realidade (do perdão como atitude inteligente e salutar), muitos objetarão que isto, na prática, não tem maior aplicabilidade porque perdoar e esquecer as ofensas não se constituem meramente em um ato voluntário, mas acima de tudo afetivo. Em outras palavras: seria praticamente impossível manter-se impassível ante um prejuízo sério ou uma perseguição solerte, ardilosa.

Reconheço a imensa dificuldade para o perdão, neste momento da evolução moral do homem terreno, até pelo fato dos condicionamentos do passado reencarnatório, como também da educação patrocinada na atual existência da reação pura e simples, até como mecanismo de defesa, às agressões sofridas.

Entretanto, essas barreiras ao perdão são especialmente tidas como intransponíveis em função do significado literal que se dá ao esquecimento das ofensas e ao perdão, como sendo o posicionamento diante do agressor como se nada houvesse acontecido. Ora, seria não ter consciência das nossas condições psíquicas e existenciais exigir tal comportamento.

Perdoar, na verdade, não significa simplesmente transformar o sentimento da tempestade para a bonança, em um passe de mágica. **Perdoar é um processo, um pensar, uma busca consciente e voluntária, um caminho traçado e a percorrer**. No dizer da terapeuta norte-americana Robin Casarjian, *"perdoar é uma decisão, uma atitude e um modo de vida. (...) Não significa ser passivo e ficar num relacionamento* *que claramente não funciona para você ou que é abusivo."*[10]

Esquecer as ofensas não significa, pois, apagar por completo da memória o fato ocorrido e que se encontra bem documentado em nossos arquivos mnêmicos; mas abandonar as vivências na dimensão destas lembranças. Em outras palavras, não repetir na mente a agressão sofrida, até porque, sempre que isto se dá, o organismo desenvolve todas as alterações fisiológicas de defesa, com suas repercussões psiconeuroimunológicas que são extremamente úteis para promover a sobrevivência, enquanto em situação emergencial, mas que provoca desgastes e danos consideráveis à saúde integral, quando cronificados e repetitivos.

3.3 - OBSTÁCULOS À PRÁTICA DO PERDÃO

Além da visão distorcida no que respeita ao significado prático e comportamental do perdão, podemos enumerar outros obstáculos importantes e impeditivos à sua vivência, dos quais devemos destacar:

- Egoísmo e orgulho

Já nos ensinam os Espíritos Reveladores que esses sentimentos constituem o maior obstáculo ao nosso progresso moral[11]. Sufocados por esses sentimentos menos dignos, resistimos violentamente, elegendo-nos

---

[10] CASARJIAN, Robin. – *O Livro do Perdão*. Trad. Pedro Luiz Vasquez Ribeiro. Rocco: Rio de Janeiro.

[11] KARDEC, Allan. – *O Livro dos Espíritos*, Livro Terceiro, q. 785. Editora EME: Capivari-SP.

superiores aos outros, reivindicando privilégios pessoais – assim como grupais – e desconsiderando as particularidades, as nuanças, as necessidades, as dificuldades e os direitos dos outros. A Regra Áurea* prescrita por Jesus e por outros luminares do progresso humano deve ser a "pedra de toque" que nos facilita a aferição mais justa no trato com o nosso próximo e, por conseguinte, um treinamento para o alcance da fraternidade e da humildade com a conseqüente destruição do orgulho e do egoísmo.

• Atavismos e instintividade

O ser humano, assim também o Espírito[12], tem no condicionamento uma estratégia importante para a eleição dos comportamentos indispensáveis à sua convivência comunitária e à preservação da vida corporal. Além disso, os instintos, notadamente os do corpo físico, determinam atitudes reflexas com o mesmo objetivo. Armazenamos, assim, em nosso inconsciente, atavismos e condicionamentos do nosso pretérito evolutivo, que devemos vencer, substituindo os últimos em comportamentos mais em consonância com o nosso desenvolvimento intelecto-moral e aprendendo a coordenar a nossa instintividade, a partir do bom senso, da razão e da moral, haja vista, serem eles mecanismos primitivos e automáticos.

---

* *"Tudo que quereis que os outros vos façam, fazei-o vós também a eles."* (Mateus, 05:12).

[12] Conceito de *O Livro dos Espíritos*, em sua questão de nº 76: *"Os Espíritos são os seres inteligentes da criação"*.

• Compensações Mórbidas

Há quem se utilize da mágoa, do ressentimento e do ódio para tirar proveito pessoal, em uma reação do tipo sadomasoquista, com variadas tendências de pólo a pólo, em uma compensação doentia. Alguns se aproveitam da energia destrutiva do ódio para o estímulo às vitórias particulares; outros aproveitam o litígio para se manterem vinculados ao opositor; encontramos, ainda, os que se deliciam em não perdoar, seja para a construção de um poder, seja para maltratar ou se vingar através do expediente da resistência ao perdão.

Essas compensações costumam manter o fogo da animosidade, mas funcionam como combustível indesejável, pelos poluentes que geram, detentores de alto poder de adoecimento.

É tal como usar álcool etílico como energético para o organismo. Que o álcool é uma substância capaz de gerar energia não há dúvida, mas que os resultados do seu uso são extremamente perniciosos não se tem dúvida menor.

4 - EXERCÍCIOS PARA O PERDÃO

Não existe uma fórmula mágica capaz de produzir em nós a capacidade para o perdão. Cada um de nós, porém, encerra na intimidade o **dom do perdão**, ainda que soterrado pelo orgulho e asfixiado pela paixões inferiores.

O fato de ter o conhecimento da necessidade real de perdoar, a partir das provas demonstradas pela ciência acadêmica e da ciência espírita, já se constitui o primeiro passo empreendido para a edição do ato de perdoar.

Sendo o perdão um processo, como visto anteriormente, há a necessidade de um planejamento racional e exeqüível. Com essa finalidade ouso propor passos para o desenvolvimento e a parturição do dom de perdoar:

4.1 - AUTO-EXAME

Proceda a um rigoroso exame quanto a uma possível participação sua no processo ofensivo.

Dificilmente uma agressão é uma atitude unilateral, ou seja, no comum, o agressor, em sua imperfeição, age movido por uma provocação intencional ou involuntária, explícita ou implícita.

Caso se tenha a consciência de ter participado de alguma forma para o destempero do ofensor – mesmo que a sua conduta não se justifique face a violência desproporcional –, torna-se mais fácil perdoar, posto não se encontrar a suposta vítima completamente inocente na situação. Neste caso, um pouco mais de boa vontade e um maior esforço no domínio do orgulho se fazem suficiente para revelar a capacidade de perdoar.

E que não se espere a descoberta unicamente nas ações mais diretas, pois quantas vezes, a omissão, o desdém, o orgulho ou a indiferença não funcionam como espoleta para a explosão do ódio ou da maldade!

4.2 - TOMAR O OFENSOR COMO ENFERMO OU IGNORANTE

Tendo ou não participado da reação que lhe vitimou, compreenda sempre o agressor como um Espírito enfermo, haja vista que, a partir da violência perpetrada e submetido à lei de ação e reação, ele se fragiliza e se torna vulnerável à violência, atingindo a si mesmo, em mecanismo educativo e de reajuste.

Os pais, ante as falhas do filho ainda criança, tomam costumeiramente atitude corretiva, mas perdoam-lhe os erros afirmando: *"Ele é apenas uma criança!..."*

Assim também, devemos compreender o nosso ofensor: na infância espiritual ou em estado enfermiço.

4.3 - ENTENDER O OFENSOR COMO INSTRUMENTO DE PROVA

Reencarnamos neste mundo para o desenvolvimento das nossas potencialidades, para progredir. Nesse sentido, as situações e oportunidades que se nos apresentam podem ser classificadas, levando em conta a sua gênese, como sendo missões, expiações ou provas. No primeiro caso, assumimos posições e desenvolvemos ações para o progresso geral que resulta em nosso próprio progresso: cumprimos com a nossa *"parte na obra da criação"*[13]; as expiações são resgates que objetivam

[13] KARDEC, Allan. – O Livro dos Espíritos. Editora EME, q. 132, Capivari-SP.

patrocinar a educação; no último caso, a partir de avaliações na escola terrena, buscamos confirmar e concretizar um aprendizado supostamente apreendido.

Sendo assim, o ofensor, sem imaginar, com o mal faz-nos o bem! Como poderíamos saber da necessidade de aplicar o perdão se não houvesse situações reais para vivenciar. O agressor está posicionado aqui, naquela condição da passagem evangélica:

"É necessário que sucedam escândalos. Mas, ai daquele homem por quem vem o escândalo!"[14]

4.4 - PROGRAMAÇÃO MENTAL PARA O PERDÃO

Decidido a perdoar, deve-se encetar uma programação para o perdão, neutralizando com pensamentos no Bem a reconstituição do agravo, em trabalho de esquecimento das ofensas.

Sugiro que, como primeiro passo da programação mental para o perdão, se aceite o conselho de Jesus:

"Orai pelos que vos perseguem e caluniam."[15]

Certamente dirão alguns amigos que é impossível orar sinceramente pelos inimigos, mas eu afirmo que sim. Decerto, no início das tentativas, se deparará com um alto grau de dificuldade. Eu diria mesmo que se oraria com "dentes trincados". Mas com o tempo se vai acostumando e desanuviando o coração. Há quem possa perguntar: *"Mas isso não seria hipocrisia?!!!..."*

Hipocrisia é postura fingida, falsa, em que se tenta

---

[14] Mateus, 18:07.

[15] Mateus, 05:44.

posar de santo, de bonzinho. A proposta é que o pretendente ao perdão, entendendo a imperfeição momentânea que lhe embaraça alcançar o objetivo, empreenda um esforço hercúleo, persistente e continuado, para romper a barreira do orgulho e da inferioridade. Logo, não havendo interesse algum em disfarçar limitações, nem tentativa de a ninguém lograr, não há hipocrisia.

Pela prece em favor do inimigo, sintonizamos com os Bons Espíritos e, de alguma forma, intercedemos em favor daquele que nos atacou e mesmo que ainda nos ataca, *"oferecendo a outra face"*[16] do ensinamento evangélico, abandonando a arena do ódio e da vingança. Desta forma, favorecemos o inimigo com as nossas vibrações e nos favorecemos com a elevação dos sentimentos e o equilíbrio íntimo.

CONCLUSÃO

A inclinação para o perdão incondicional é prova de sabedoria – maturidade intelectual, emocional e espiritual. É apanágio das grandes almas e passaporte para a paz e a saúde integral.

Francisco Cajazeiras

---

[16] Mateus, 05: 39.

2 - Estudo do Evangelho no Lar

1 - O QUE É?

O **Estudo do Evangelho no Lar** é a introdução da Boa Nova trazida por Jesus para as discussões no seio da família, através de seu estudo sistemático (em geral, semanal).

2 - OBJETIVOS:

a) Fazer luz no lar pelo conhecimento racional da mensagem de Jesus, estimulando a prática do Bem e da fraternidade;

b) Reunir o grupo familiar em torno de um ideal

maior, favorecendo momento de reflexão conjunta;

c) Instalação e manutenção de um clima espiritual positivo no lar, favorecendo maior amparo do Alto para as realizações pessoais e coletivas dos membros do grupo familiar.

3 - REQUISITOS BÁSICOS

a) Dia, local e hora preestabelecidos em função da disponibilidade de todos os integrantes do conjunto familiar (de quinze a trinta minutos);

b) Exemplar de *O Evangelho Segundo o Espiritismo* ou do *Novo Testamento;*

c) Boa vontade.

4 - COMO REALIZAR (sugestão de método):

a) Prece inicial – tem por objetivo sintonizar com Jesus e seus mensageiros, rogando-lhes auxílio e proteção. Todos, portanto, devem participar intimamente enquanto um se encarrega de verbalizá-la;

b) Leitura opcional de mensagem de cunho moral – deve-se dar preferência àquelas de maior objetividade.

c) Leitura de um trecho de *O Evangelho Segundo o Espiritismo* ou do *Novo Testamento* – a ser escolhido "ao acaso" (abertura indiscriminada da obra) ou seguindo a seqüência da obra.

d) Análise dos ensinamentos – Comentários feitos pelos participantes sobre o conteúdo estudado, buscando o seu sentido geral e específico, sem no entanto tentar identificar no outro a sua aplicação, certos de que são importantes e aplicáveis a todos, deixando a cada um sua própria reflexão.

e) Prece final - momento para agradecer a Deus, a Jesus e aos Bons Espíritos pelo momento vivenciado, pela atenção recebida e pela presença amiga, bem como suas bênçãos para o grupo e para a humanidade.

5 - OBSERVAÇÕES:

a) Pode-se aproveitar a presença dos amigos invisíveis para rogar a magnetização das águas contidas em uma jarra (destinada ao uso do grupo) ou em recipientes individuais.

b) Devem ser evitadas as manifestações mediúnicas (psicografias, psicofonias etc.), que necessitam de maior conhecimento e que poderiam modificar os reais objetivos do encontro familiar do Evangelho no Lar.

Francisco Cajazeiras

SEGUNDA PARTE

Mensagens Mediúnicas

ESPÍRITOS DIVERSOS

MÉDIUM Francisco Cajazeiras

À medida que os Espíritos se purificam e se elevam na hierarquia, as características distintivas de sua personalidade desaparecem, de certa maneira, na uniformidade da perfeição, mas nem por isso deixam eles de conservar a sua individualidade.

***O Livro dos Médiuns* - Q. 256,**
Editora EME, Capivari-SP.

1 - O homem que não cria no amor

Conta-se que havia um homem, na Palestina do tempo de Jesus, que não cria absolutamente no amor.

E, conquanto a Providência o tivesse cumulado de amenidades – pois era casado com uma virtuosa mulher que o amava sinceramente e que lhe dera três filhos amoráveis, belos e sadios, serelepes e fortes, como do agrado de todo varão contemporâneo seu –, ainda assim o amor parecia-lhe pura invencionice de tolos e fracos.

Moshiah bar Jacob – este era o seu nome – afirmava peremptório que o amor verdadeiro, proclamado pelas pessoas, não passava de um jogo de interesses.

As mulheres – dizia – não amavam realmente aos

seus maridos, tratando-os bem e com carinho unicamente como recompensa pelo sustento e pelo lar que estes lhes proporcionavam.

Os filhos muito menos amavam aos seus pais, pois outra alternativa não tinham senão festejá-los por lhes aninharem e protegerem, no recesso do lar, livrando-os da fome e dos perigos do mundo.

Os amigos negociavam sempre a amizade, permutando-a por benefícios vários e recíprocos.

Aconteceu que Moshiah bar Jacob enfermou seriamente. E a despeito do tratamento que lhe era dispensado pelo velho curador da região ou ainda do uso das mais diversificadas beberagens que experimentara, fruto da sabedoria popular, progredia a sua morbidez, levando-o a crer estar próximo o seu fim.

Nada mais tendo a fazer nem a quem apelar, o homem que não cria no amor tomou conhecimento das virtuosidades operadas por um profeta de nome Joshuah bar Josef, sobre quem se diziam maravilhas, e resolveu procurá-lo em uma de suas andanças e pregações pelas cercanias de Cafarnaum.

Encontrou-o falando sobre o amor e sobre a necessidade do seu desenvolvimento para se alcançar o Reino dos Céus.

Após o sermão, chegou-se ele ao profeta, que o envolveu amorosamente, impondo-lhe as mãos generosas e alertando-o, ao final:

— "Se quiseres, estarás curado!..."

No dia seguinte, Moshiah bar Jacob piorara sensivelmente, parecia que a ação do profeta tivera efeito oposto ao desejado. Mas, embora fraco e febril, quase desfalecente, ressoavam-lhe insistentemente no mais íntimo do seu ser as palavras de Joshuah bar Josef:

— "Se quiseres, estarás curado!..."

Como seria possível isso – confabulou de si para consigo –, pois se o que mais desejo é ficar curado. O que me abrasa é o desejo da cura.

Em seu coração amalgamavam-se revolta, esperança, fé, indignação, inquietação e, movido por tudo isso, resolveu-se a tomar satisfações com o profeta que, muito embora houvesse recebido a oferta de vultosa recompensa pelos seus serviços e cuidados, desconsiderara a proposta.

Encontrando-se com Joshuah bar Josef, Moshiah bar Jacob chegou-se junto a ele e descarregou, entre decepcionado e esperançoso:

— Mestre! Aceita-me a recompensa pelos teus serviços e serei curado, pois disseste-me depender da minha vontade, mas contrariamente a isto pioro a olhos vistos!...

Joshuah bar Josef deitou-lhe o olhar meigo e severo, respondendo-lhe com a voz pausada e serena:

— O amor cobre a multidão dos pecados, meu filho! Quem não acredita no amor, não pode amar, pois ninguém se esforça para realizar aquilo em que não crê. E quem não acredita no amor, não credita a si mesmo os benefícios desse sentimento.

O Pai Celestial ama-nos simplesmente. Nada nos impõe pelo Seu Amor, posto ser a Sua Lei, que nos regula, destinada não ao Seu deleite, senão ao deleite do viajor da imortalidade. Este logrará alcançar a paz, ao final da caminhada e, sob os impositivos da Lei, obterá a divina ventura de ver ao Senhor da Vida.

Deus, porém, nada te cobra pelo amor que a ti dispensa nem por te prover de todas as necessidades na vida.

Ou de onde vêm os céus com as brancas nuvens da esperança? Ou os mares com seus cardumes de peixes? Ou as florestas com suas árvores, frutos e sombra? De onde provém o ar que respiras faustoso e a água que te sacia e higieniza acalmando?

Também eu te amo e não te imponho condições para tanto.

Mas tu, para curar-te, precisas amar-te a ti mesmo, e somente assim usarás esse amor como referencial para o teu amor ao próximo!

Se quiseres,... crê no amor e... serás curado!

José

2 - Estendamos as mãos

Meus filhos:

São incontáveis os aflitos de toda espécie.

O encontro de almas no palco terreno se entrelaça com o passado e com o invisível. Os dramas são perpetuados e arrastados pelo tempo, deixando um rastro de sangue e dor, engendrados pelo torvelinho das emoções e das paixões despropositadas.

Os corações, ao sabor das vagas que a tudo tragam ensandecendo os desarvorados da vida, endurecem-se, petrificados pelo ódio, a entretecer a desordem e o desequilíbrio, manifestados pelo pranto e o sofrimento infindos.

Unamos os nossos corações em prece fervorosa por

aqueles muitos dos irmãos aos nossos braços encaminhados, clamantes de paz e sossego, em cruel desdita. A gênese de sua desgraça, bem o sabemos, se aninha em seu próprio íntimo, entremeada em seu peito, como espinho mantido encravado pelo temor de extraí-lo, pois que representa a dor do desprendimento e do perdão ante o orgulho arraigado.

Façamos coro harmonioso, sob objetivo supremo de nos fazermos humildes instrumentos de paz em nome do Senhor Jesus...

São tantos os dramas, multiplicados os conflitos... E há tanta lágrima a enxugar, tanta dor a mitigar, tantas labaredas por extinguir!...

A vida em nosso orbe ainda se ressente de tamanha desventura e as enfermidades atingem tão profundamente a criatura humana, em descomunal proporção, quais horrendos e dantescos monstros, que por mais façamos nós, configura-se tão pouca ação ante a voluptuosidade generalizada dos descompassos...

Compunge-nos invariavelmente o coração observar a humanidade em tão gritante aflição e desespero!...

Façamo-nos os braços e as pernas de Jesus, consolando os enfermos e balsamizando-lhes as dolorosas ulcerações. Não nos deixemos impressionar pelo amargor e o constrangimento que nos assaltam diante da miséria humana! Busquemos antes expedir passos seguros na direção desses mais pequeninos das palavras de Jesus, nos Evangelhos.

Não nos permitamos mais envernizar os corações em fuga covarde de nossas responsabilidades como cristãos! Estendamos nossas mãos a todos os carentes do corpo e do espírito e, assim, lograremos sentir no íntimo a mais dilatada felicidade que se pode fruir nesse mundo deserdado de paz pela inconsciência humana.

Que o Nosso Senhor Jesus Cristo dirija-nos os passos vacilantes, consubstanciando-nos a fé e a coragem.

O vosso servo, humílimo de sempre,

Bezerra de Menezes

3 - Tempos difíceis

Atravessais todos vós momentos decisivos em vossas vidas, pois se vos apertam as provações indispensáveis a todo obreiro que se afirma fiel à causa reta que abraçou.

As hordas de malfeitores do Além agem ininterruptamente no sentido de vos criar embaraços vários, quer no campo da vida profissional, nas relações interfamiliais, nos envolvimentos do dia-a-dia ou mesmo no escorregadio logradouro da fé.

Profissionalmente, podereis enfrentar desde a carência das possibilidades de aplicação do conhecimento servindo-vos o cálice da amargura, até à facilitação do emprego de vossas faculdades técnicas, tecendo-vos paulatinamente a ilusão material do **ter** priorizada sobre o **ser**.

Os vossos consangüíneos poderão ser instados a vos cobrar atenção sempre maior, em contínuo sofisma dos ensinamentos de Jesus, criando-vos a insegurança e a dúvida quanto à forma de atuação no Movimento Cristão que escolhestes servir, o que vai requerer o vero entendimento dos itens de 1 a 7 do capítulo XXIII, de *O Evangelho Segundo o Espiritismo*.

No dia-a-dia, ao relacionar-vos com terceiros, irmãos que vos não conhecem – pelo menos não à vossa atual personalidade –, poderão ser criadas situações vexatórias que certamente levarão a vos expordes pessoalmente, senão mesmo, levarão riscos à vossa integridade fisiopsíquica.

A serenidade, a mansuetude e o perdão das ofensas são atitudes que sem dúvida vos permitirão sair de vencida das referidas contendas, sobretudo, quando vos dispuserdes a apresentar a outra face: da tolerância, da paz, da compreensão.

A tibieza e os desatinos perpetrados por vossos pares indubitavelmente vos farão provar de instantes de incerteza, ressoando como artifícios de milhares de megatons no mais íntimo das vossas convicções, estremecendo o que tendes por bem alicerçado, mas ainda necessitando de reforços ante os embates crescentes do obreiro do Bem, daquele que caminha em direção às sublimes moradas dos imortais virtuosos. Retemperai vossas forças, na certeza de que não se usam grandes bombardeios em pequenas cidadelas...

Tendes andado às voltas com a inquietação, a angústia, o desprezo, a depressão, a ignomínia, a perfídia?...

Mas respondei! O que vale mais?...

Chorar?...

Ou fazer chorar?

Sofrer?...

Ou fazer sofrer?

Ser vítima de traição?...

Ou trair?

Deixar-se sacrificar?...

Ou punir?

Ser caluniado?...

Ou caluniar?

Ser explorado?...

Ou explorar?

Ser vítima?...

Ou culpado?

Amar?...

Ou desamar?

Coragem, pois, diante da prova! Não vos deixeis arrefecer o ânimo nem abater a fé!

Segui, resolutos, amparados pelas luzes da Codificação Espírita e não olvideis de poder contar sempre com a nossa mais sincera e comovida atenção.

De todos os que vos velamos os passos e, à maneira de pais e mães desvelados, devotamos a todos vós um grande amor e carinho,

Em nome de Jesus.

Anatole France

4 - Nas crises internas

Todo reino que se divide é fadado ao fracasso e à ruína.

A unidade é estado indispensável a todo grupo que possui uma tarefa a cumprir, um desiderato nas cogitações.

As células componentes de um organismo são diferentes umas das outras. Possuem forma e função específicas. Apesar disso, todas se harmonizam em favor da manutenção da integridade física e funcional do conjunto, em benefício da saúde.

As células somáticas, muito embora as suas dessemelhanças morfofuncionais, carecem, em princípio, das mesmas necessidades nutricionais.

Quando um grupo de células se rebela, pode destruir a harmonia do organismo e até mesmo determinar a sua ruína. No mínimo, comprometer a capacidade produtiva da indumentária somática que serve ao Espírito nela domiciliado, prejudicando-lhe as realizações.

Sois todos vós como as células de um organismo. Tendes as vossas diferenças físicas, psíquicas, morais e espirituais. Entretanto, deveis permanecer unidos para a manutenção do equilíbrio geral, mesmo porque tendes as mesmas necessidades: doar e receber amor, perdoar e receber o perdão.

As transformações ocorridas nas células rebeldes, que se tornam parte de um conflito tumoral nocivo e maligno, costumam dar-se por influências externas agindo sobre as predisposições mórbidas da individualidade celular.

Assim, também, convosco se dá. As vossas predisposições menos recomendáveis são aproveitadas pelos agentes externos, inimigos da paz e do equilíbrio, que permitis se vos interponham ao pensamento, dirigindo-vos as ações.

Cabe-vos, porém, a responsabilidade pelo caos determinado, posto saber-se que nada nem ninguém tem o poder de a outro conduzir irresistivelmente ao mal.

Os vossos melindres, as vossas vaidades, a vossa intolerância, em síntese, o vosso personalismo está na base da predisposição à regência dos Espíritos impuros.

Repensai, então, o vosso comportamento!

Revede, pois, as vossas atitudes!

Estancai o sangue defluente do ódio e da

maledicência!

Curai as úlceras decorrentes da ação difamatória e caluniosa!

Apaziguai a febre rubra da vingança com o antitérmico balsâmico do perdão!

Assim, vos reservareis o direito de corrigir os próprios descompassos, cumprindo a parte que vos cabe na construção do Bem ao vosso derredor e para a manutenção da integridade do edifício da Caridade nas vossas relações.

De uma coisa, porém, vos deveis lembrar sempre:

"A paz mundial se inicia com a consolidação da paz individual!"

Jerônimo de Mendonça

5 - Equilíbrio

O equilíbrio que buscas inicia-se no teu próprio coração.

Se acalentas agressividade no pensamento, demonstras incapacidade de manter-te em serenidade ante o caos que te pede equilíbrio.

O que ouves não permitas ecoe explosivamente em teu íntimo desalojando-te a paz.

Passa tudo pelo crivo sensível do interesse da Caridade.

O que falas, não consintas brote do improviso impulsivo.

Submete a idéia à razão e ao bom senso, antes de torná-la pública.

O que fazem tuas mãos, cuida não se torne motivo de pranto e arrependimento.

Compara cada atitude com o que te agradaria receber em tua pessoa.

Nas emoções, como na razão; no ouvir, como no pensar; no falar, como no fazer, atenta invariavelmente para a sua conseqüência útil.

Do contrário, apressa-te em desconsiderar, apaga de tua mente ou desfaz a vontade impertinente em desalinho.

Assim, empreenderás os primeiros passos na direção do teu próprio equilíbrio, pois quem desestabiliza em seu derredor, externa seu próprio desalinho.

Hilário

6 - Melancolia e dor

Era primavera na Europa do século XIV. Toda a Natureza exaltava, em maravilhas, a onipotência e a sabedoria do Criador, bem como a graça com que Ele cumula a todas as suas criaturas.

Os campos matizados pelas múltiplas cores eram ornados pelas mais belas flores e rosas exalando seu perfume suave e revitalizante.

Os pássaros orquestravam com seu chilrear gracioso a mais sonora e maviosa canção da vida, e o Sol da manhã dourava com seus raios toda aquela paisagem de paz e harmonia, sinal divino do destino de felicidade reservado a cada uma das criaturas em movimento contínuo pelas estradas sinuosas e escarpadas da evolução.

Maria Angélica, jovem noviça da Congregação das Carmelitas, resolvera entregar sua existência ao Divino Mestre e encontrara na devoção a Maria de Nazaré a fórmula de aproximar-se d´Ele.

Havia alguns meses, encontrava-se ali residindo e já se extasiava com as belezas infinitas e a eterna felicidade ali propaladas e prometidas a quem se entregasse e se dedicasse ao ministério cristão.

Falava-se no encontro mágico com o Meigo Rabi da Galiléia e da vida de contemplação no paraíso; das paragens suaves do Celeste Recanto e das maravilhosas canções entoadas pelos anjos, ao som de harpas melodiosas que tocam profundamente o íntimo do pio, partejando-lhe emoções intraduzíveis.

Era assim, com essa disposição íntima e a ânsia pelo futuro de luzes, que Maria Angélica acordara naquela manhã. A Natureza, em sua feição primaveril, como que lhe reforçava o estado de euforia e de ansiedade ante a perspectiva da felicidade.

Contemplativa e meditativa, conversava de si para consigo, sobre sua decisão de entregar-se completamente à causa cristã, renunciando ao mundo e aos seus prazeres vãos e efêmeros. De ocupar-se exclusivamente em sua purificação e manter-se indefinidamente fiel às coisas do espírito tão bem apregoadas por Jesus.

Trazia no peito, porém, pungente melancolia e um desejo ardente de ir ao encontro do Mestre.

Doía-lhe no íntimo uma saudade indecifrável, e foi assim, movida pela necessidade íntima de libertar-se da materialidade grosseira a confundir-lhe o ser, que ela conjecturou:

"Não já estou eu decidida a dizer não às exigências da carne? A fugir por completo dos gozos da vida profana? Não já me encontro convicta da minha realidade espiritual e da minha determinação de juntar-me a Jesus e aos anjos do Céu? Por que motivo então me mantenho aprisionada a este mundo de trevas e pecado? Por que, então, não me projeto de vez para a morte, certa de ver-me ressuscitada como nos prometeu e comprovou o divino Messias por diversas vezes? Se sei da minha pureza de propósitos e da minha conduta sempre em consonância com a Lei de Deus, temente a Ele que sou e cumpridora de Suas determinações, decerto que com minha morte alçarei o paraíso tão acalentado durante toda a minha vida! Sendo assim, hoje mesmo entregarei minha alma nas mãos do Criador e este meu ato será, sem dúvida, a mais contundente prova do meu amor a Jesus e do meu desapego ao visgo terreno."

E, assim, naquela noite, de coração opresso, a mente excitada e esperançosa, não dando ouvidos aos apelos da consciência de reconsiderar a drástica decisão e atribuindo-lhe o fraquejar a forças demoníacas que tentavam afastá-la do Bem, saboreou o gosto amargo do veneno que a precipitou no mundo dos mortos, após infundir-lhe profunda sonolência e torpor e provocar-lhe irreversível parada respiratória.

Após grande perturbação que lhe amordaçou a

vontade durante meses seguidos, Maria Angélica recobrou a consciência.

Ao abrir os olhos, deparou-se com região inóspita, asquerosa, de vegetação pobre, ressecada e rasteira, na qual se viam aqui e ali espectros de árvores com seus esqueletos desnudos e sombrios.

A atmosfera densa era asfixiante, sendo tênues e frios os raios de luz que ali penetravam antes que a noite os substituísse com o seu negror desconcertante e gélido.

Pior mesmo eram os "demônios" que, entre escárnios e impropérios, riam-se, sarcásticos e debochados, de sua pobre pessoa, suja, faminta, sedenta, esquálida e semilouca; torporosa, mas consciente de seu infortúnio, perplexa com o resultado inesperado de sua ação.

Passou com o tempo a blasfemar contra Deus, afirmando-se lograda e injustiçada.

Infinitas noites depois – pelo menos em sua compreensão do tempo –, após sofrer ultrajes e vilipêndios vários dos seres que considerava demoníacos, assumiu uma postura suplicante e humilde, reconhecendo-se pequena e ignara ante a Vontade Divina.

Foi somente então, passados incontáveis anos a lhe pesarem como uma eternidade, que percebeu uma luz que dela se aproximava e tomava forma humana. Teve um impulso inicial de afastar-se depressa, mas eram tamanhas, a dor e a astenia, que apenas abaixou os olhos ante a visão que a assaltava.

Em convulsivo e pungente pranto, queixou-se do seu infortúnio à criatura angélica, rogando-lhe esclarecimento, sobre o que a ouviu comentar:

"Filha querida! A vida terrena é abençoada oportunidade para o nosso crescimento espiritual. É certo que te colocaste a serviço do Senhor, porém é na vida em favor do próximo, superando os próprios anseios egoísticos, e na ação positiva e amorosa, capaz de sanear a impiedade do mundo, que o cristão constrói a sua estrada de redenção e se projeta para a felicidade eterna, plena no coração de quem ama.

É pelos passos de caridade nas trilhas terrenas que o seguidor do Cristo demonstra sua fidelidade. A despeito da pestilência e do mal mundanos, Jesus viveu e conviveu com os homens, amparando-os ternamente e buscando-os nas furnas do pecado com o objetivo de levar-lhes a luz."

Como Maria Angélica intimamente se perguntasse sobre o que fazer, preocupada com o eterno sofrer, a danação sem fim, o inferno dos cristãos, o emissário divino complementou:

"Voltarás ao mundo para retomar a tua missão e perseverar no Bem, submissa sempre à Lei Divina, que põe nas mãos de cada um a sua própria redenção".

Maria Angélica

7 - A palavra

A palavra é a materialização da idéia e, por isso mesmo, desfruta de importância vital nas relações entre os encarnados.

Quando veiculas a palavra articulada no meio em que habitas, dás vida a duas situações de especial significado:

Crias as imagens com o pensamento, responsabilizando-te pelas construções fluídicas edificadas e desencadeias todo um ciclo cinético pela força do verbo e de sua notória expressividade.

Além disso, franqueias aos teus interlocutores toda uma margem interpretativa pela qual também te responsabilizas.

Cuida, então, de atentar para tudo o que verbalizas, posto que represента o que te vai no mais íntimo e te compromete pela Lei de Afinidade.

Agnello Moretz

8 - Aviso aos que ficam

A vida é extensiva aos planos invisíveis.

O berço não lhe dá início, assim como o túmulo não é o seu epílogo.

Nas experiências terrenas, cada Espírito se capacita à felicidade da consciência límpida e da comunhão íntima com as divinas leis.

O mundo das formas é, pois, palco armado para o desempenho das funções educativas.

A vida do Espírito, porém, é bem mais exuberante e, por ser contínua, não há individualidade alguma que permaneça solitária, como também nunca se encontra perdida ou desamparada.

Por isso mesmo, aos que continuam nas provas da jornada terrena, cabe entender que, após cumprida a tarefa, o Espírito anseia pelo regresso ao seu verdadeiro lar; e também exultar com a possibilidade de vencer a saudade, pois esta, como nada – à exceção de Deus –, não é eterna.

Agnello Moretz

9 - Nas crises de tristeza

Nas crises de aguda tristeza:

Apresenta-te ao trabalho em favor do menos aquinhoado na vida e sentirás modificar-te o sofrimento íntimo.

Expõe o teu sentimento e apazigua tuas mágoas e ressentimentos, expressos sob a máscara da doença ostentada, para que se faça a convalescença.

Abre os olhos para a vida, colorindo o mundo com as cores vivas da boa vontade.

Empreende caminhada na direção do Bem e verás a luminosidade da alma que se doa em amor.

Esquece das coisas pequenas da vida terrena e vislumbrarás as maravilhas da transcendência.

Ama-te e perdoa-te para poderes amar e perdoar ao próximo.

Agnello Moretz

10 - Em nome do bem comum

Saber ouvir é ingrediente indispensável para o bom entendimento.

Cogitar antecipadamente o que se deseja veicular oralmente é caminho certo para a ordem do meio ambiente e a preservação do alheio ouvido.

Meditar serenamente diante dos empecilhos e das situações desagradáveis, buscando aquilatar-lhes as dimensões, é a mais adequada postura para melhor compreender as atitudes a tomar.

Buscar maior discernimento naquilo que parece desvio do caminho de companheiro de estrada é sabedoria capaz de evitar se espalhe impiedoso e destrutivo fogo sobre as sendas da vida.

Observar pacientemente as atitudes menos amistosas é verdadeira ação caritativa para com o próximo e para consigo mesmo.

A fórmula para a harmonia grupal consiste em abster-se de aceitar as provocações dos detratores e mesmo em abrir mão de certos direitos mundanos, quando a isso for solicitado.

Bem utilizando o ouvir e o falar, o agir e o pensar, lograremos contribuir de maneira eficaz e eficiente para o pleno entendimento, a concórdia e a paz grupal.

Albino Teixeira

11 - Ante as oportunidades

A seara de Jesus é de amplitude tal, que, quanto mais se caminhe no Bem, mais se tem o que percorrer. As oportunidades de trabalho são, pois, renovadas sempre que o servidor se mostra compromissado e preparado para empreender atividade redentora.

Se lhes são ampliados, no momento, os limites de labor e da atividade no Bem, credita-se para tal uma ampla variedade de amparo e apoio para o seu desenvolvimento e crescimento.

Muitos são os corações aflitos dirigidos ao seu convívio, à espera unicamente que esteja priorizada entre todos vocês a tarefa espiritual.

"Não se pode servir a dois senhores!..."

As aflições, dores e limitações, características do seu estado de desenvolvimento anímico atual, devem ser superadas a partir da boa vontade, da determinação e priorização do bem em suas vidas e pelo esquecimento de si mesmo no afã maior de preocupar-se com o irmão carente que se lhes acerca.

Por outro lado, não se deve olvidar que o Bem a outro dispensado é luz indescritível a irisar a alma; o consolo proporcionado ao próximo é bálsamo divino para a terapêutica das próprias úlceras; o esclarecimento facultado ao obnubilado do espírito é antídoto certo para a própria cegueira; e o amor dedicado ao indigente de todo jaez é porta de libertação do egoísmo escaldante.

Armem-se, então, com os devidos instrumentos da solidariedade, iniciando o seu emprego entre vocês mesmos, nas relações de uns para com os outros – e como um todo – em clima indiscutivelmente fraternal e cristão.

Abandonando as posturas de autocomiseração e de insatisfação para com a vida; fugindo aos redutos da dúvida e da incerteza; desviando-se dos lodaçais da intolerância e da desconfiança é que se predispõe a caminhar em grupo harmônico, estender as mãos ao trabalho e desvincular-se dos preconceitos e tendências opiniáticas para abraçar, em definitivo, a Causa Cristã, que tem assentada na Doutrina Espírita as suas diretrizes e bases lúcidas.

Estamos juntos nessa empreitada; caminhamos passo a passo com vocês e cremos piamente na vitória e nos frutos que virão sobre todos nós.

Arnold Göttingen

12 - Conselhos para a saúde

Na manutenção da saúde, alinha as atitudes pessoais e leva em conta as sugestões seguintes, capazes de favorecer-te o benefício:

1. Ocupa sempre a mente com idéias de progresso e paz, amor e caridade.

2. Destina os teus olhos unicamente para o vislumbre do bom e do belo na vida, nos outros e em ti mesmo, descobrindo sempre os melhor lado em tudo.

3. Faze de teus ouvidos recurso invariável em favor da liberação dos conflitos e aflições de quem te procura gemente, reduzindo todo o mal com os amortecedores do amor.

4. Concebe tua língua como instrumento de paz e conforto, articulando palavras de apreço e coragem, de paz e compreensão, de tolerância e afeto, dourando o verbo com a luz da caridade.

5. Sejam tuas mãos maquinaria utilizada para a distribuição das rosas do trabalho em favor do desvalido, perfumando as ações com o aroma do desinteresse pessoal e da boa vontade para com tudo e com todos.

6. Conduz os teus passos invariavelmente na direção do Bem, identificando-os com o labor salutar e com a prática da caridade, vigiando-lhes a trajetória a fim de que não se tornem ociosos ou delinqüentes.

7. Usa a tua inteligência de modo a multiplicar os tesouros do conhecimento alheio e contribuir para o bem-estar do próximo pela sua aplicação ética.

8. Molda o teu coração de modo a transformá-lo em receptáculo de luz, refletindo os mais nobres sentimentos na compreensão da vida e da sua destinação.

O corpo é instrumento da vontade do Espírito, refém de sua condição, conquanto lhe pese em animalidade.

Hilário

13 - Requisitos para a saúde

A serenidade e o equilíbrio tão necessários na vida de cada um não são virtudes que se logre alcançar sem esforço, perseverança e abnegação.

Não é mantendo a sombra íntima que se conseguirá aproveitar a luz que brilha no ambiente externo, mas acendendo um ponto de luz em si mesmo, pela fé e a vontade firmes.

Não é fugindo da realidade dos fatos que se resolvem os problemas na vida, mas aprofundando o conhecimento de suas verdadeiras causas, com humildade e desejo de vencer, adquirindo, assim, a condição de enfrentá-los de frente e com reais possibilidades de vitória.

Não é projetando os fracassos, em forma de culpa, sobre os que compõem o grupo familiar e social, que se capacita o indivíduo a alcançar a leveza da paz; mas aceitando cada circunstante – amigo ou inimigo – como um ser indispensável à auto-realização, pela expansão do amor nos relacionamentos.

Não é pela detenção de qualquer fórmula ou rito que se expulsa a tristeza do coração e da mente, mas pelo trabalho de edificação da consciência da imortalidade e da perfectibilidade pessoais, transmudado em serviço em favor dos mais aflitos.

Não é pelas estações e paisagens mágicas que se efetiva a cura dos males do corpo e da alma, mas recorrendo às terapêuticas apreciáveis e aceitáveis pelo bom senso e pela razão, no cotidiano.

Refaz, pois, os teus objetivos de vida e entrega-te confiante e humilde ao auxílio divino, sob o pálio dos que te acompanham os passos e se desdobram em atenção para a tua cura espiritual, assim também submetendo-te à orientação e aos conselhos médicos indispensáveis ao restabelecimento do teu veículo somático.

Alberto de Sá

Fale conosco!!!

Fale conosco!!!

Queremos saber sua opinião sobre o livro: ____________________

____________________ (favor mencionar o nome do livro)

14 - Nos momentos difíceis

Quando vivenciares grande aflição, é que se faz presente a oportunidade para o aprendizado da resignação.

Nos distúrbios próprios das emoções, cabe-te empreender labor organizado para o fortalecimento da fé.

Ante a influenciação negativa, faz-se premente a utilização dos recursos da prece pelos sofredores e por ti mesmo.

Na vigência da solidão, doa-te em trabalho aos deserdados da vida.

Caso te envolva a escura sombra:
Faze luz no pensamento com o Evangelho de Jesus.
Faze luz no sentimento partejando do teu íntimo os recursos do amor.
Faze luz nas ações do cotidiano, esforçando-te no serviço ao próximo.

Agnello Moretz

15 - Ante a dor da separação

Ante a morte iminente dos que te compartilham o coração, multiplica o teu amor e a tua dedicação em conforto ao moribundo.

Ante a saudade cruenta a que te escravizas e que maltrata o familiar viajor da eternidade, edifica tua fé em Deus e favorece a readaptação ao teu querido do Além.

Ante o pranto desesperado, manifestação ígnea da inaceitação das leis imutáveis do Criador, rega com o teu suor as dores dos desvalidos, em nome do que se foi.

Ante o túmulo contendo os respeitosos restos mortais do ente querido, exulta e agradece a Deus por saberes que o teu amado se encontra liberto da decomposição da matéria, em diferente lugar do mundo espiritual.

Ante o desânimo e a descrença que te avassalem momentaneamente, observa a Natureza, que sepulta a semente para transformá-la em frondosa árvore dispensadora de frutos e sombra.

A morte é natural evento biológico que aniquila o invólucro carnal, mas que liberta o Espírito dos males do mundo. A morte é portal para a vida espiritual, realidade admirável para toda a Humanidade.

O pranto gerado pelo desespero, o pensamento em desalinho pelo inconformismo, a conduta de descrença e impaciência são verdadeiros dardos venenosos em direção daquele que constituis o motivo do teu sofrimento, dificultando-lhe o encontro da paz espiritual.

Albino Teixeira

16 - Saber e fazer

Se te dispões a lutar contra a sombra,
Acende a tua própria luz, ainda que bruxuleante.

Se compreendes o significado da vida,
trata de cuidar dos próprios pensamentos, que são os tijolos da saúde psicossomática.

Se já observas a importância da serenidade para o bem-estar familiar,
apaga de vez os laços da inconformação.

Cada criatura recebe os devidos rumos para

expender os passos em direção à luz e à tessitura da felicidade.

Todo o amparo recebido é reflexo para a vida nova.

Albino Teixeira

17 - Sobre a obsessão

As obsessões são problemas do cotidiano que interessam a todo trabalhador da seara espírita.

Dramas antigos, entretecidos ao longo das existências, predominam na gênese dessas relações enfermadas e tumultuadas.

Envolvimentos mal resolvidos, vivências na animosidade, conflitos vários pedem a participação e o entendimento recíprocos dos envolvidos para a sua resolução definitiva.

O tratamento espírita é revolucionário, porque expõe devidamente, àquele denominado obsidiado, as causas do seu sofrimento, abrindo-lhe os olhos para as suas carências e dificuldades íntimas como fatores determinantes e mantenedores do seu mal.

Ao mesmo tempo, leva o desencarnado a refletir detidamente o passado, o presente e o futuro, demonstrando que nas patologias do relacionamento social ninguém há completamente inocente, sendo a rotulação de vítima e algoz simplesmente um referencial.

Por outro lado, as atitudes tomadas no dia-a-dia de descrença e de revolta, de impaciência e de violência, de desconfiança e de ciúmes, de inveja e de ambição constituem janelas e meios pelos quais os Espíritos menos esclarecidos e perversos, refratários ao Bem, se insinuam em assédios e envolvimentos torpes, perseguições e injúrias mentais dolorosas.

Há que se estudar repetida e contritamente, na Casa Espírita, os conceitos, mecanismos, sinais e sintomas, repercussões físicas e espirituais, assim também os recursos terapêuticos da patologia obsessiva. Assim, compreenderemos definitivamente que a cura das obsessões pressupõe invariavelmente a busca do desenvolvimento do amor, que viabiliza o perdão.

Cada um dos envolvidos na teia obsessiva é, na realidade, um irmão em desespero e desequilíbrio clamando as possibilidades reais para encetar caminhada pelas sendas da paz, do bem e da verdade divinos.

Na terapêutica espiritista deve-se associar o conhecimento ao amor; o intelecto ao coração.

Sem o conhecimento, a razão se debilita e anuvia; sem o amor bem estruturado, o sentimento se torna pesadelo egóico e compulsivo, em manifestação primitiva do prazer material.

A obsessão é mecanismo extremo das leis divinas para a clarificação da necessidade premente do perdão e do amor em seu mais alto patamar, à medida que remete os litigantes à análise da própria sombra, como condição básica para a sua cura definitiva.

Urge, portanto, na Casa Espírita, aprofundar os estudos acerca desse grande mal para que se possa favorecer a terapêutica desobsessiva e a autoprofilaxia.

Agnello Moretz

18 - Dever

O dever é o roteiro a que se impõe o Espírito na quitação das responsabilidades preestabelecidas e assumidas, seja no que respeita à sua própria condição espiritual, seja na assunção da sua personalidade terrena.

Exercitar suas atividades cotidianas com acerto, perseverança e boa vontade é postura mental positiva e produtiva para o bem-estar de cada um e de todos.

Respeita o teu próximo, fazendo-lhe unicamente o que gostarias fizessem para ti.

A regra áurea proferida por Jesus é mensagem libertadora das paixões inferiores e do orgulho.

Agnello Moretz

19 - Saudade e equilíbrio

As saudades dos que permanecem na retaguarda material são bem recebidas por todos nós, daqui, do Além, quando demonstram carinho e afeto, apreço e respeito.

Mas nunca, se resultantes do inconformismo e das paixões menos dignas.

Os que acenam da estação do mundo das formas e permanecem mais tempo na dimensão física não podem freqüentemente imaginar como chegam até nós suas lamentações e seus remorsos, suas posturas de insegurança e descrença:

São como as lavas de um vulcão atingindo-nos com todo o peso de uma erupção.

São como a repercussão de um bombardeio nos ouvidos aflitos do desprotegido.

A vida no Mundo dos Espíritos é tão bem mais intensa em termos de emoção e sentimento que, se não dispomos do necessário controle íntimo, podemos ser arremessados, à revelia de nossa vontade, a regiões inóspitas e ameaçadoras.

Os que amamos e nos amam fazem melhor sempre que buscam inteirar-se mais judiciosamente do que aqui ocorre; quando se preparam dignamente para a sua grande viagem e quando nos enviam seus pensamentos de equilíbrio, amizade e compreensão orvalhados pela saudade.

Adelaide

20 - As virtudes na vida

A mansuetude de coração é bálsamo às labaredas do destempero emocional.

A paciência é antídoto certo para a ansiedade e a rebeldia, geradoras de enfermidades múltiplas.

A razão é fanal indispensável às resoluções do Espírito submetido às provas e expiações naturais à sua existência em mundos inferiores.

A humildade é virtude indispensável à estabilidade e ao equilíbrio íntimos, haja vista possibilitar ao caminhante da evolução detectar seus próprios senões e fragilidades.

O amor é o sentimento maior que transforma o Mal no Bem, egoísmo em fraternidade, sombra em luz.

Aproveita a luz que te é ofertada pelo Espiritismo para vislumbrar, na alma, as causas das tuas aflições, assim como as soluções devidas para a problemática da vida.

Horácio Flávio

21 - Na solução de problemas

Ninguém é posto na vida em situação insolúvel e vazia de oportunidades para o crescimento espiritual.

Ante as dificuldades, perfeitamente explicáveis no existir terreno, o Pai Celestial, Todo Bondade, aquinhoa-nos com a inteligência e a determinação, a razão e a perseverança.

Compete, pois, a cada um, que se vê às voltas com problemas, cuidar de solucioná-los, como tarefa assumida e intransferível.

Cada alma detém as possibilidades de suplantar suas enfermidades e tendências negativas, levando sempre em conta a fé em Deus, o livre-arbítrio, o desejo robusto e o trabalho incessante.

Para algumas das problemáticas enfrentadas, cada dia é uma batalha a vencer, incompatível com a acomodação, o descaso, o desânimo.

Preservar a saúde do corpo é importante tarefa atribuída ao Espírito encarnado, à semelhança do que ocorre com o profissional na Terra, que deve zelar pelas ferramentas utilizadas em sua faina.

De forma contrária, não poderá o inquilino alegar falta de sorte, tendo que assumir as responsabilidades pelos danos decorrentes de suas viciações.

Determina-te, pois, a resolver os teus impasses, tendo a certeza de contares com o apoio dos amigos espirituais, posto serem muitos os que torcemos pela tua vitória.

Cícero Bernholz

22 - Nos instantes de dor

Problemas na vida, em geral, são oportunidades de resgate das atitudes pretéritas ou de posturas equivocadas e constituem vera possibilidade de aprendizado para o Espírito em luta pelo autoburilamento.

Ante as tempestades e a borrasca, às voltas com a sombra e a treva no cotidiano, ao se delinear na mente o fantasma do desânimo e da descrença, do abandono e da desconfiança, entrega-te, em esforço maior, à confiança em Deus e à oração.

Apazigua o teu coração, capacitando-te ao banquete celeste com a Sabedoria Cósmica.

Não recepciones, em elo nefasto, as sugestões

invisíveis de pessimismo e tristeza, de rebeldia e insubordinação ante a Lei.

Dirige os teus passos na senda da humildade e, assim, criarás, de tua parte, as condições propícias para o socorro integral do Médico das Almas.

Persevera no Bem, no trabalho e na disposição inamovível de domínio das tendências pouco recomendáveis que ainda abrigas momentaneamente.

Isolda Gonçalves

23 - Ao médium em desenvolvimento

O neófito da mediunidade costuma exigir grandes sinais fenomênicos para vencer a inércia que obsta a comunicação ostensiva entre os dois planos existenciais.

Esquece, no entanto, que, sendo a mediunidade uma faculdade orgânica a ele pertencente e a educação mediúnica uma tarefa decorrente da própria vontade, faz-se indispensável a sua ação inicial em esforço próprio para o externar da mente comunicante do além.

Há os que se mostram indecisos, embora diante de indiscutível intercâmbio mental, a reclamar consubstanciação material do manifestante, olvidando a constituição semi-material do invisível mundo.

São muitos os que se destemperam na dúvida e na inquietação, quanto à atividade medianímica, à semelhança de exigentes Tomés, buscando a palpação dos Espíritos, tornando-se cada vez mais questionadores, mesmo diante dos mais dilatados sinais da realidade extra-física.

Ao médium educando, pede-se estudo e razão conjugados, mas também confiança e coragem, humildade e amor, caridade e desprendimento para a abertura consciente e indispensável ao desabrochar de suas faculdades psíquicas.

Não é pelas grandes e espetaculares manifestações fenomênicas que se transmuda o médium em colaborador do Mundo Invisível e logra fortalecer a fé no trato com os Espíritos! Mas a partir da doação perseverante e incondicional à Causa do Cristo, fazendo em sua mente eco aos pensamentos daqueles que lhe procuram o concurso fraternal.

Hilário

24 - Fé e entendimento

A fé é raio vívido a iluminar os caminhos dos viandantes, alimentando-lhes a esperança, fortalecendo-lhes a confiança e assegurando-lhes a vitória final.

A fé é o sentimento plantado pelo Divino em nós, com o fito de para Ele nos direcionar, aproximando-nos mais e mais. É o guia que nos conduz pelas estradas da Vida, intuindo-nos e auxiliando-nos com a certeza de nossa origem intencional e do nosso destino inamovível.

Esse sentimento, quando bem conduzido e entendido pelo Espírito, intensifica-se sobremodo, a ponto de levá-lo à natural aceitação das procelas:

revoluções necessárias à consolidação do progresso que se vai esboçando nas trilhas existenciais.

É pela certeza inabalável da filiação divinal que não se abate o operário do Cristo, permanecendo espiritualmente ileso às investidas de seus irmãos empedernidos no mal, que podem lograr atingi-lo no que respeita às coisas do mundo, mas que dele se distanciam sempre mais, perdendo o poder de influenciação sobre as coisas do espírito.

Diante dos petardos do ódio, respondei com as flores liriais do amor.

Na presença do azedume da discórdia, ofertai o lenitivo de um coração pacificado.

Quando agredidos pela violência ígnea, oferecei a refrescante suavidade do perdão.

Com o Espiritismo, tendes aprendido a sentir Jesus em sua dimensão real e a reconhecer a vera possibilidade de reproduzir-lhe o exemplo.

Sejamos, pois, gratos ao Mestre dos Mestres pela felicidade e a honra de nos tornarmos referenciais para os companheiros da retaguarda, apesar do nosso verdor evolutivo.

Mantenhamo-nos, então, perseverantes e serenos: destemidos na adversidade, sensíveis com a brutalidade e compassivos ante a deslealdade.

Confiemos que, sob o lábaro de Jesus, nos faremos presentes em meio às mais densas trevas, apaziguando corações sofridos, suavizando o calvário dos imprudentes e fazendo luz nas consciências desarvoradas.

Saibamos aproveitar e aprender com os momentos tempestuosos, fortalecidos pela certeza do futuro luminoso que nos aguarda a todos, esperando a nossa definitiva atitude de fazer valer, na prática, o nosso alistamento nas fileiras do Bem.

Agnello Moretz

25 - Maledicência

São muitos os despreocupados com as palavras descaridosas que emitem, fruto da vontade enferma e incontida, assim como do pensamento em desalinho.

Cada vocábulo expresso em vosso meio é criação mantida consonante à assimilação dos seus pares e ao desdobramento articulado pelos Espíritos desencarnados em afinidade.

A irresponsabilidade no falar é vício tão corriqueiro, em vosso mundo, que, cada vez mais, faz-se elemento de destaque para o comprometimento da saúde das vossas relações.

Pior mesmo é quando intencionalmente se denigre a reputação de companheiros e colegas, amigos e inimigos, conhecidos e desconhecidos com julgamentos deformados e maliciosos.

A maledicência é praga com repercussões bem mais profundas do que costumais imaginar.

A partir dela, quantas rotulações menos dignas não se efetivam em detrimento da paz social e da verdade! Quantas atitudes negativas e geradoras de sofrimento, intrigas e ódio não se iniciam!

Se não detendes o conhecimento seguro sobre este assunto ou aquele fato, seja em qualquer nível social, preferível é que refreeis o impulso detonador, dominando a língua, sob o esforço dos recursos da humildade e da benevolência.

Não vos cabe promover sentenças malevolentes. Não vos deveis permitir ser o combustível que dissemina a má informação nem o criador de conceituações alienantes e destruidoras.

Mas se unicamente às mentes geradoras da maledicência coubesse o ônus de sua divulgação, indiscutivelmente muito menores seriam as suas repercussões, por lhes faltar a estrada condutora da infâmia...

Não vos convertais, ainda uma vez repito, em instrumentos passivos da maledicência, acatando insinuações pérfidas e grosseiras! Repeli energicamente seu truculento braço e estareis colaborando para a afirmação da paz e da fraternidade!

A maledicência é espelho a retratar o que vai na alma do seu autor e matéria nebulosa com que se alimentam os seus mantenedores, expondo-lhes as pustulentas úlceras presentes da intimidade.

Sejam, pois, as vossas palavras pareceres do Bem e antídotos contra o mal!

Nazareno Brito

26 - Ilusões do vício

Na vida terrena, as ilusões ainda predominam no pensamento humano.

Pela busca da felicidade centrada no imediatismo e no organicismo; pela pretensão de privilégios pessoais; pela desmedida ambição que fere a caridade; e pelas destemperanças das paixões desenfreadas mantém-se o homem terreno adstrito às ilusões.

São tantas e tamanhas essas ilusões!

Ilusão do predomínio da força sobre a razão.

Ilusão da prioridade das sensações sobre o verdadeiro amor!

Ilusão das aventuras e das emoções fortes destacadas sobre a consciência reta do dever cumprido!

Mas, indiscutivelmente, uma das maiores ilusões que o Espírito encarnado acalenta é a de encontrar segurança, fortaleza, felicidade, disposição, saúde e muito mais no uso das substâncias psicoativas[1].

Mesmo sentindo a sua ação maléfica em todos os sistemas orgânicos, quantas não são as pessoas que se sentenciam à desencarnação precoce pelo uso indevido das substâncias tóxicas!

E o pior é quando ainda consideram imprescindível a sua utilização em meio à sociedade! Ou quando impõem ao próximo e aos companheiros o uso involuntário do móvel de seu vício!

Quero falar do tabagismo. Quanta insensatez!

Se fosse viável e permitido aos encarnados assistirem a uma película demonstrativa e que expressasse a situação dos tabagistas crônicos desencarnados!...

Naturalmente são variados os seus sintomas e as suas aflições, pois a Lei Divina leva em conta os atenuantes porventura existentes.

Porém, é lugar comum presenciarmos Espíritos sofrendo de dispnéia[2] que lhes parece eterna, secundária às alterações bronquiolares sofridas no veículo somático a repercutir nos análogos perispirituais.

Outros trazem no peito a bomba explosiva, em cogumelo de fumaça, qual artefato atômico acionado em desespero.

Alterações no ritmo e no funcionamento dos canais fluídicos responsáveis pela viabilidade do equilíbrio energético, na dinâmica circulatória do perispírito.

Tantos conduzem marcas de cânceres os mais

---

1 Que têm ação sobre o Sistema Nervoso (N. do Médium).

2 Distúrbios respiratórios, "falta de ar" (N. do Médium).

diversos, nas mais díspares regiões, em dolorosa expressão da atitude indevida para com o próprio corpo físico, desfigurando-lhe a silhueta humana que estampa máscara aflitiva e deformante.

Mas, como se não bastasse toda essa saga tétrica de mazelas, outros tantos se apresentam ensandecidos, escravos do vício que lhes rouba a dignidade de Espíritos libertos do corpo, tornando-os "marginais da espiritualidade", em associações indébitas com outros que se lhes assemelham e com encarnados que vibram na sua mesma freqüência viciosa, pagando qualquer preço pela venenosa tragada de outras gargantas!...

Caro irmão! Se você ainda se encontra agrilhoado a esse inimigo cruel e mortal, eleve suas preces, suas esperanças, seus anseios e a sua certeza de melhores dias ao Deus Onipotente, Pai de todos nós, rogando-Lhe forças, discernimento e o auto-reconhecimento de que você é um Espírito imortal, criado à Sua imagem e semelhança, e que, mantendo-se prisioneiro do vício assim, põe-se refratário às benesses da vida.

Plenifique-se de coragem e proceda à dolorosa cirurgia de extirpação desse verdugo negro e tirano que o asfixia.

Se você quiser se libertar do vício – mas quiser mesmo –, terá, associadas à sua, muitas outras vontades e determinações, podendo contar sempre com a nossa solidariedade e o nosso apoio ininterruptos.

Amigos do Além[3]

---

[3] Falange de Espíritos de ex-fumantes recuperados e que trabalham em favor dos viciados encarnados e desencarnados (N. do Médium).

27 - Em busca da paz

Aquele que procura de olhos abertos encontrará os elementos promotores da felicidade íntima.

Indispensável é saber buscar e não se fixar em falsos conceitos preestabelecidos sobre a felicidade.

Não se pode encontrar o perene no transitório, senão vislumbrar-lhe o perfil.

Não se conseguirá captar imagens na escuridão e na Terra, senão ao Sol ou em ambiente iluminado.

Não se logrará adquirir a saúde, quando em desequilíbrio das emoções e dos sentimentos.

Faz-se, pois, indispensável adequar a visão, os passos e o pensar de tal maneira a se encaminhar para o Eterno Bem.

Agnello Moretz

28 - A missão de cada um

As oportunidades que se fazem na caminhada do encarnado não devem ser negligenciadas.

A cada um o Pai Onipotente confia uma tarefa, no sentido de desenvolver os potenciais do espírito, ao mesmo tempo em que lhe compete estender a mão generosa em favor dos que se debatem nas sombras.

À pergunta corriqueira de tantos encarnados sobre o que lhe é destinado realizar, a resposta é invariável:

— Analisa as ferramentas de que dispões e lograrás saber o caminho a seguir e a tarefa que te cabe desenvolver.

Confia em Deus!

Aceita-Lhe a vontade soberana!

Persevera sempre no Bem!

Ora mais e perdoa incondicionalmente as ofensas alheias!

Suliano

29 - Não te desesperes

As relações efetivadas na vida de cada um são, em geral, resultantes da Lei de Afinidade assentada quer no longínquo passado, quer na vida vigente, em consonância com os pensamentos e desejos.

Imaginas que a noite não tem fim?

Que a nuvem espessa e escura é interminável?

É bem característico de quem sofre inconformado desconsiderar a fé, no início. Mas atenta: não tens os ensinamentos dos Espíritos a te indicarem a saída, a te demonstrarem as verdades divinas, a te instruírem no Bem?

Agradece, então, ao Pai Misericordioso pelo muito que possuis em tua existência presente!

Quantos amontoam milhões nos bancos mas são miseráveis de entendimento?!

Tantos esbanjam riquezas e no entanto se encontram na mais completa indigência espiritual!

Quantos alcançam as culminâncias intelectuais, mas a esse despeito miseráveis são quanto à fé e à moralidade?!

Fortalece a tua fé e deposita total confiança nas Leis Divinas que a todos amparam!

Aproveita a própria dor para te sensibilizares com a dor alheia.

Aprende com a tua desventura e crê: nunca te encontrarás em solidão completa.

Ocupa as tuas mãos, como a tua mente, com o trabalho em favor do próximo.

Abre a tua casa para a luz da verdade que está em Deus e deixa-te iluminar pelos ensinamentos de Jesus.

Agnello Moretz

30 - Ante o carnaval[1]

Ninguém desconhece a imensa atividade desenvolvida daqui do nosso plano existencial nessa época em que, no Brasil, se estabelece a festa da carne. Verdadeiras caravanas do invisível aportam a dimensão terrena, com o objetivo de neutralizar as correntes psíquicas viciosas, geradoras de perturbações, sofrimento e dor.

Além do vultoso número de desencarnações

---

1 Mensagem psicografada e originariamente dirigida aos trabalhadores do Instituto de Cultura Espírita do Ceará, em fevereiro de 2003. Por entendê-la útil para outros momentos de carnaval e para outros grupos e pessoas, incluo-a aqui. (Nota do médium).

traumáticas – difíceis para o Espírito em transe desencarnatório –, também não constitui novidade a indescritível soma de misérias originadas a partir dos anseios de gozo e de liberdade incontidos, cada vez mais freqüentes no carnaval.

Há pouco, reportava-me à intensa atividade espiritual, de que participam incontáveis obreiros do Bem, levando o socorro aos recém-desencarnados no período momino e, sempre que possível, favorecendo comportamentos e decisões alicerçados na razão e na caridade.

Dada a magnitude do desgoverno, viemos conclamar a todos os irmãos despertos para a realidade da Vida Superior a se engajarem nesse trabalho. A boa-vontade, o desejo de participação e o esforço para suplantar imprevistos habilitam o trabalhador encarnado a uma ação mais ostensiva, nos momentos de relaxamento e de sono. Durante a vigília, aconselhamos a manutenção do estado de prece e severa vigilância, notadamente no que respeita ao arrastamento patrocinado pelas imagens desconcertantes, veiculadas em larga escala pelos meios de comunicação nessa temporada.

Não temos a intenção de interferir no seu livre-arbítrio, muito menos posicionamo-nos contra as sadias manifestações de alegria popular, mas é nosso dever alertar-lhes contra o veneno da **aceitação inocente,** resultado da normatização comportamental do repetitivo, muito embora indevido.

Queremos salientar que o nosso convite deve ser entendido como o desejo de compartilharmos o labor em nome do Nosso Senhor e Mestre Jesus.

Mantenham-se serenos, ainda que assolados pelo azorrague das sombras; entretanto, não subestimem a realidade de sua influência, porquanto conduzimos todos - ainda condicionados - os negativos não revelados dos passos incertos de um passado recente.

Abençoe-nos o Senhor de Nazaré, que nos fortalece e guia-nos invariavelmente.

Arnold Göttinger

31 - Entendendo a vida

A vida orgânica é batalha renhida travada pelo Espírito contra os seus defeitos e em favor da felicidade.

Em meio ao turbilhão de desajustes que se apresentam no mundo em que te inseres por posicionamento evolutivo, reage positivamente, entendendo e aproveitando as dificuldades do cotidiano como treinamento para o aprendizado que te capacita à transposição de obstáculos maiores.

Aplica bem os recursos da paciência e da

abnegação, amplificando-os pela vivência; assim, demonstrarás a tua fé em Deus e a tua capacidade de submissão aos Seus desígnios.

Robustece o teu desejo e molda a esperança em um futuro melhor, pois o homem é exatamente aquilo que pensa.

O estágio no corpo somático, em hipótese alguma, constitui o destino das necessidades do ser, mas meio para o alvorecer da felicidade, o trampolim para o salto consciente em direção à verdadeira Vida – identificação da criatura com o Seu Criador, plenificando-se como individualidade.

Ademais, conscientiza-te de que onde estiveres jamais te encontrarás abandonado e, muito embora passes por aflições e dificuldades, reflete que Deus nos ama a todos...

A criança rebelde costuma clamar e se debater ante a autoridade e a determinação dos pais, pela imaturidade de entendimento.

Um Espírito Protetor

32 - Nos conflitos da mocidade

Há momentos na vida do Espírito encarnado em que tudo parece sombrio e sem nexo.

A Natureza parece desprovida de beleza e as alegrias do cotidiano comuns às outras pessoas parecem relutar em se apresentarem.

São com freqüência pensamentos aceitos em instantes de sombra que enlutam a mente e crestam a riqueza íntima, o potencial de crescimento.

No alvorecer da vida, aproveita bem a primavera em teu corpo, as cores e os matizes da experiência renovada em seu ponto de partida.

Somos todos seres destinados à Luz, objetos da atenção de Deus que nos ama e espera saibamos enfrentar as dificuldades, recebendo-as e interpretando-as como estímulos para a vitória.

Aquieta o teu coração com a presença de Jesus, em seu Evangelho; alenta a tua vontade sob a orientação dos Espíritos Reveladores, expressa na Codificação Espírita, ilustrando-te com os relatos sobre causas e expectativas da reencarnação.

Abre os teus braços aos companheiros da tua mocidade e permuta com eles as esperanças de um futuro melhor.

Aprende a ultrapassar os obstáculos, a aceitar o que não está sob a tua dependência para a transformação.

Em tudo, porém, faze todo o possível, empreende todo o esforço para galgares os melhores resultados com a graça do nosso Pai-Criador, que nos lega a Sua providência para o êxito naquilo que trazemos a título de missões na vida.

Ora sempre!
Acredita na vida!
Acredita no amor!
Acredita em ti mesmo!

Flávio

33 - Viver o presente

Viver intensamente o presente é a lição coerente que nos é legada pela sabedoria milenar.

A vida biológica é experiência emprestada ao Espírito em escalada ascensional para o seu esclarecimento, porém, mais ainda, para a consecução do seu projeto anímico proposto pelas leis divinas.

O passado é indiscutivelmente referencial de vida, capaz de facilitar os passos atuais pelos encontros e experiências que confere.

Estagnar na esquina do tempo que passou, porém, é deixar de aproveitar as chances e as oportunidades de cada momento.

Dessa forma, transforma-se o presente em passado

vazio e ameaçador.

O futuro é caminho a percorrer, é meta a atingir. É esperança autêntica. Mas é construído invariavelmente a partir do presente.

Faze, pois, no agora, a tua parte no concerto da vida, aprendendo com o pretérito para a construção de um futuro melhor.

Abner Cavalcante

34 - Emoções e saúde

As emoções são a expressão dos sentimentos, agindo sobre o corpo no diapasão que os caracteriza.

Cultiva, então, os sentimentos suaves e enobrecedores, para que o reflexo orgânico seja de saúde.

Drena as emoções menos dignas no sentido de as afastares do mal, dando-lhes destinação útil, pela atitude em sintonia com a Caridade.

O orgulho pode ser aproveitado e minimizado, no desejo de fazer o melhor no ensejo do Bem.

A força e a ira podem converter-se em coluna para a proteção dos mais frágeis, transformadas em indignação e libertando-se das teias do egoísmo.

Em tudo, prevalece a vontade do Espírito, sendo por isso mesmo responsável pelos frutos de seu proceder, transformado em saúde ou enfermidade.

Agnello Moretz

35 - Centro espírita

Uma Casa Espírita é, sem nenhuma dúvida, luminoso ponto que cresce e floresce, no sentido de fazer-se referência a todos os que buscam conforto e esclarecimento, consolo e fortalecimento consciencial da imortalidade.

Muitos são os percalços experimentados pelos elementos de um núcleo espiritista, ao longo dos anos de convivência.

Entretanto, quanta alegria proporciona o desempenho da tarefa com que nos honram os nossos Maiores Espirituais! O que de felicidade e vivência fraterna patrocina-nos a atividade caritativa e sem outra intenção senão a de nos fazermos instrumentos simples e dóceis da vontade de nosso Mestre e Senhor, redentor de todos nós, pelo exemplo de amor e tolerância que nos guia e dirige o desejo de renovação e progresso?!

A ação regeneradora dos ensinamentos espíritas, através da difusão do conhecimento e da persuasão pacífica e racional, é de importância vital nesses instantes de instabilidade e insegurança, de desconforto e descrença que assolam o mundo; de busca e de anseios divinos, intuídos pelos homens na forma presciente da "separação do joio do trigo".

O ensinamento reto, a coragem na preservação do Legado Kardeciano, a persistência no trabalho de fazer luz nas consciências devem ser os destaques para a instituição genuinamente espírita.

Não se deve entretanto permitir que o desenvolvimento do serviço toque as fibras da vaidade humana, porquanto devemos manter vívida a compreensão de seguirmos roteiro adredemente planejado pelos discípulos magnos de Jesus, não nos cabendo senão o mérito da perseverança e da fidelidade, da fé e da esperança de um futuro melhor, da certeza de nos situarmos apenas na condição de instrumentos volitivos nas mãos hábeis e caritativas dos luminosos Espíritos da falange do consolador.

Mantenhamo-nos vigilantes quanto às idéias espúrias assopradas ardilosamente pelos invisíveis adversários da Luz no meio espiritista, com o objetivo de fazer perder ao Movimento Espírita no mundo, manobra que retarda a inexorável rota a ser percorrida pelo Espiritismo, para a renovação dos costumes e da moral, da ética e da convivência pacífica e fraternal na face planetária.

Entretanto não nos façamos verdugos dos companheiros equivocados! Ofereçamo-lhes o bálsamo da compreensão e mantenhamos abertos os nossos braços em sua direção, amando-os fraternalmente, a despeito de combater-lhes as idéias que, por infelicidade e invigilância, assimilaram e adotam: obstáculos à sua participação no disseminar da mensagem libertadora de consciências.

O trabalho desenvolvido até aqui, em cada Casa Espírita, deve ser tido na conta da etapa primeira; do alicerce, dos degraus iniciais de uma tarefa que nos confiam os Irmãos Imortais.

Não nos furtemos, pois, de agradecer, reconhecidos:

a Deus, Potência Divina, Majestosa Inteligência que nos abrasa com o Seu inefável amor e nos fecunda com as infinitas virtudes;

a Jesus, incansável e inolvidável Mestre, organizador da nossa dimensão da vida e irmão carinhoso e protetor;

ao digno Codificador, Allan Kardec, pelo denodado esforço, pelo exemplo de trabalho e dedicação sobre-humanos e pela sua inexcedível humildade;

e aos Espíritos da falange do Consolador, pela inquestionável atividade de persuasão telepática no Bem, forças invisíveis mas palpáveis no cotidiano, em forma de ação insubstituível.

Demo-nos as mãos em grande festa e honremos o trabalho, com a disposição inquebrantável de servir ao próximo com o esquecimento de nossos interesses e do nosso amor-próprio lapidado pelo orgulho!

Caminhemos intimoratos suplantando obstáculos, superando as diferenças e fiéis a Jesus e a Kardec, posto que, assim, seremos imbatíveis e lograremos alcançar êxito naquilo que nos compete e dignifica.

Diversos Espíritos[1]

---

1 Adaptação de mensagem psicografada, no Instituto de Cultura Espírita do Ceará, por ocasião do seu sexto aniversário de fundação e assinada por diversos Espíritos (Anatole France, Saulo, Angelus Maximus, Hilário, Bezerra de Menezes, Albino Teixeira).

36 - Dever e amor

"Amai-vos uns aos outros."

Eis o ensinamento de Jesus que conduz-nos à felicidade, visto ser ela nada mais que o alcance da plenitude do amor!

Amar o próximo significa sair de si mesmo, projetando-se em seu auxílio indiscriminado. Quem ama não submete o sentimento aos valores exteriores, sendo movido pelo desejo exclusivo de fazer feliz o que lhe compartilha a estrada da vida.

Devemos uns aos outros o respeito;
reconhecimento inequívoco
da nossa igualdade perante Deus.

Devemos uns aos outros a colaboração,
que nos torna dignos da filiação divina.
Devemos uns aos outros a tolerância,
fruto do entendimento da fragilidade
e das imperfeições que ainda conduzimos
em nosso espírito.
Devemos uns aos outros a atitude de consideração,
capaz de nos favorecer o bom relacionamento
e a consolidação dos laços de amizade.
Devemos uns aos outros a caridade da palavra
que não escandaliza; antes, ameniza
as deformidades momentâneas
do Espírito em trânsito evolutivo.
Devemos uns aos outros a solidariedade
que providencia estímulos
para as realizações inerentes a cada um.
Devemos uns aos outros o concurso fraterno,
a doação e o compartilhar das dores, guindando-nos
à condição de cirineus nos caminhos dos que sofrem.

Todos nós devemos a Jesus a fidelidade aos seus ensinamentos, tutelados que somos de sua magnanimidade.

Amemo-nos uns aos outros para que a paz e a concórdia iluminem-nos as estradas, antecipando-nos no hoje os indescritíveis gozos auferidos pela pureza de espírito.

Angelus Maximus

37 - Dor e perdão

Não há noites eternas nem tempestades infindas.

Cada incursão dolorosa é sinal de alerta ao desmando e ao desequilíbrio.

Cada atitude de revolta, ante as expiações terrenas, assemelha-se ao comportamento do petiz que, descoroçoado em sua imaturidade, projeta nos outros a sua própria limitação e inexperiência.

As projeções são imagens e formas propícias de avaliação da própria intimidade, pois identificação acusativa da sombra resulta sempre da própria experiência nas estâncias sombrias e, quando se associa a uma emoção descaridosa, revela inconformação e revolta próprias, clamando por auto-perdão.

Se te deparas com a tempestade, aproveita os mares revoltos de tua intimidade para aprenderes a conduzir o barco da existência com determinação e prudência até o seu devido destino.

O perdão é bálsamo necessário ao coração do aflito, haja vista facilitar a libertação definitiva do ônus da culpa, despachando a amargura e a revolta, obreiras sombrias da tristeza e da cólera, tão enfermadas quanto enfermantes para o Espírito.

Perdoa, pois, aos que te parecem ofensores, pois os litígios, em geral, não costumam apresentar origem polarizada, mas conjunta.

Perdoa e capacita-te a encontrar, no Mestre Maior, o lenitivo às tuas dores e a compreensão serena das tuas chagas.

Acende a tua confiança em Deus e faze o que te compete com perseverança e fé.

Contarás sempre com o apoio e o amparo incondicionais de Jesus, o Mestre por excelência, o benfeitor de todos os que padecem e se encontram aflitos.

"Bem-aventurados os que choram, porque serão consolados"[1].

Eliezer Frota[2]

---

1 Jesus *in* Mateus, 05:4.

2 Espírito Protetor do assistido a quem primeiramente foi dirigida a mensagem

38 - Reflexões de fim de ano

Quando o calendário terreno marca o epílogo de uma jornada, é tempo de analisar os resultados de todos os eventos favoráveis oferecidos pelo Pai da Vida que, de maneira cíclica, beneficia-nos com os ensejos de crescimento e agracia-nos com a tarefa aguardada, ao mesmo tempo que nos assegura a possibilidade de êxito, a partir da distribuição dos bens indispensáveis e do apoio imprescindível.

Rebusquemos cada experiência; regozijemo-nos com as vitórias – com os resultados exitosos – e aprendamos com os próprios erros, para que se convertam em sinalizadores futuros, quando da reedição de renovadas possibilidades.

Decerto, as emoções far-se-ão como catadupas, constrangendo-nos o íntimo e assombrando-nos os pensamentos; mas, quando nos permitirmos desenvolver olhos de ver, identificaremos invariavelmente a presença amiga daqueles que se esforçam indefectivelmente por conduzir-nos pela estrada redentora. Então, ao vislumbrá-los e identificá-los, o que se espera de nós senão esboçar gratidão, em reconhecimento da grata presença do Mestre Divinal em nossos corações?

E, tocados por esse inefável amor, que se espera de nós senão avançar na senda do progresso, desvinculando-nos do forte apego da egocentricidade, libertando-nos das impulsividades menos dignas e enxergando, no companheiro de jornada, o irmão a quem devemos servir, agradecidos pela anuência de conosco compartilhar experiências, patrocinando-nos a ocasião de estender-lhe a mão amiga?

Esse sentido de fraternidade – pura caridade – habilitará a todos convertendo-nos definitivamente em fiéis arautos do Senhor, confortando-nos os corações e iluminando-nos as consciências de tal modo que nos animemos e nos emulemos para a jornada futura com que nos honra e adorna os passos Aquele que é o nosso Destino e a Quem devemos gratidão imorredoura.

Não temamos a tempestade, porque se faz necessária nesses tempos para a renovação dos ares!

Não nos impressionemos com a momentânea escuridão: um ponto de luz apenas, por pequenino que seja, é capaz de esmaecê-la e de permitir possamos enxergar claramente!

Não resistamos ao mal! Saltemos, pelo amor, para

regiões mais elevadas, a fim de suportarmos o contato que asfixiaria, caso nos mantivéssemos na mesma dimensão, em espírito e sentimento.

Nunca desistam de caminhar!

Nunca desacreditem na ação do bem, ainda que ante a borrasca!...

Angelus Maximus

39 - Saúde e felicidade

A manutenção da fé em Deus e o exercício da confiança nos familiares são indispensáveis para a conquista das metas de progresso traçado pelo Espírito antes de reencarnar na Terra.

Assim também a saúde do corpo periclita com as posturas mentais negativas em relação à vida, ao próximo e a si mesmo.

A verdadeira felicidade é o resultado das ações em torno do Bem, com o máximo de desinteresse pessoal.

O Bem é a vivência e o exercício das Leis Naturais. É a materialização do ser divino através das próprias ações.

Amar a Deus implica necessariamente amar ao próximo.

E amar ao próximo pressupõe o auto-amor, capaz de construir o entendimento da responsabilidade no tratamento e do cuidado consigo mesmo, para a preservação da saúde orgânica, mental e espiritual.

Priorizar na vida aquilo que não se deteriora, que a traça não devora e a ferrugem não consome, deve ser a filosofia de todo aquele que já recebeu a mensagem espírita em seu coração.

Todas as atividades humanas têm a sua importância para o Espírito em trânsito evolutivo. Porém, vale a pena questionar:

"Quais tesouros podemos conduzir na bagagem no retorno para o Além?..."

Ante a resposta que se fará, certamente, não teremos dificuldade alguma para a compreensão do verdadeiro sentido da vida.

Agnello Moretz

40 - Provas e consciência

Todos têm as suas próprias dificuldades na vida.

A uns é oportunizada a prova da ingratidão daqueles a quem amam.

A outros, a prova dos recursos psíquicos.

A outros, ainda, a prova relativa à sexualidade e à afetividade.

A outros tantos, a prova dos dons intelectuais.

É fato, porém, que, apesar dos obstáculos encontrados na estrada da vida, o Pai de Misericórdia concede a cada um de seus filhos as possibilidades reais de, por si próprios, saírem-se vitoriosos das lutas que fazem parte da vida.

Na consciência se podem encontrar os verdadeiros caminhos a seguir. A partir dela, pois, se faz possível o discernimento indispensável à avaliação das decisões e passos a tomar nesse ou naquele sentido ou direção.

Os que se põem em harmonia íntima, os que levam em conta a sua condição de Espírito imortal, descobrem invariavelmente as atitudes e posturas geradoras de paz e felicidade.

Agnello Moretz

41 - O natal a cada ano

A cada ano, o mundo vai legando as oportunidades e provas necessárias a cada Espírito domiciliado nesse vosso planeta de redenção.

Sucessivamente, vêm e vão as alegrias; chegam e passam as dores.

Ficam indeléveis as cicatrizes das feridas provocadas pelos espinhos e acúleos encontrados, por obstáculos, no tempo e no espaço. Permanece, porém, também para sempre, o frescor das alegrias na mente otimista.

A despeito, entretanto, de todas aquelas vossas dificuldades, experimentadas no palco da vida, chega o Natal de Jesus, como a vos acordar dos pesadelos das vossas descrenças e a luzir tal qual um sol em mundos escuros e obscuros, frios e cinzentos, pálidos e enfermados.

O Natal de Jesus!

Renova-se o seu nascimento para cada um dos que o buscam, ainda que inconscientes, e a magna festa modifica todo o planeta, em termos de vibrações, sua atmosfera fluídica.

A psicosfera planetária ganha mais cor e mais luz, porque a lembrança do nascimento de Jesus se faz palpável no pensamento de parte da Humanidade. Todos os discípulos de Jesus, de todos os tempos e em todos os lugares, se enternecem com a comemoração do seu natalício na Terra. E isso basta para que todos sejamos agraciados com o clima espiritual do Natal.

Nós, espiritistas, detentores de maior dosagem de esclarecimento sobre o Nazareno e sobre sua mensagem, devemos nos postar em profunda reflexão sobre o verdadeiro e mais amplo significado do seu Natal.

Pois Natal é paz nos corações, é amor nas relações, é luz no entendimento, é lucidez no pensamento, é harmonia nas ações...

Natal é, por tudo isso, o instante mais propício às vossas mais ativas elucubrações quanto à vida e ao uso dado até o momento à atual existência terrena. Não por acaso é comemorado próximo à passagem do Ano Novo, pois, dessa forma, sereis estimulados a planejar mudanças e transformações no Bem para o futuro.

Paz e Luz no Natal!

E sempre um ano-novo de serenidade e progresso espiritual!

Anatole France

42 - O tempo da caridade

"Que brilhe, então, a vossa luz, para que vendo os homens as vossas boas obras, glorifiquem a vosso Pai que está nos Céus!"[1]

São muitas as aflições a atenuar, tantos os corações dilacerados a atender, tantas as amarguras a aplacar!...

A dor é a tônica, o dia-a-dia da vida em vosso mundo de expiações e provas.

O pranto jorra aos cântaros, originado dos cansados olhos dos desvalidos.

Em Jesus, invariavelmente, encontramos o lenitivo a todos os sofrimentos e pesares, o bálsamo perfumado a todas as nossas dores.

Conquanto a dor não se apresente exclusivista a nenhum grupo em particular, apresentando-se de

---

1 Jesus *in* Mateus, 05:16.

variada forma a todos os corações, cabe-nos refletir:

O espírita não se deve permitir fazer eco contínuo da própria dor, mas transformá-la em estímulo para deslocar-se ao encontro dos que a sentem mais profunda e desalentadamente.

Ao espírita não é lícito pôr-se no aguardo da melhor estação para oferecer seus préstimos a serviço do caminhante da aflitiva estrada, mas fazer do inverno e do frio o êmulo para disponibilizar abrigo e agasalho aos corações esvaziados de fé e de esperança.

Daquele que muito foi agraciado pelo Alto não se espera um cruzar de braços, sob a alegativa de não dispor de suficiente tempo ou capacidade para fazer o bem ao próximo, pois nas menores ações – como nos mínimos procederes – brilhará sempre um rutilante raio de sol, se o verdadeiro amor comandar-lhes os passos.

Não existe um tempo certo ou especial à prática da caridade, quando se trata de beneficiar o próximo!... Mas todo o tempo... o tempo todo.

Fazei, pois, do vosso precioso tempo uma bênção de luzes no sentido de desfazer as espessas sombras que tisnam inumeráveis mentes desavisadas e desnorteados companheiros!

Anatole France

43 - A paz do natal

É Natal outra vez!...

A figura excelsa do Mestre dos Mestres vem novamente iluminar o mundo.

A humanidade sofredora ainda enfrenta a violência, a guerra, as aflições, a covardia, a intolerância...

A maldade, a ferocidade e a ignorância com todo o seu peso fazem-se sobre os homens, arrasando e destruindo a paz.

A vida atribulada, o *stress*, a ambição, a desconfiança, a inveja, o ciúme e a prepotência ainda dominam as mentes e os corações humanos...

Mas o Mestre, paciente e amoroso, faz-se presente sempre em seu Natal na Terra. Nasce invariável e perenemente falando em paz e em humildade, provando aos homens que a felicidade não reside nas festas mundanas e está muito distante da dominação.

A verdadeira felicidade se exime das riquezas e dos bens e prescinde de qualquer força dirigida na luta por poderes.

Mostra-nos Jesus, em seu Natal, que a felicidade é estado do que serve sempre, do que se doa todo em sentimento, do que pensa no carente, do que pressuroso estende a mão na direção daquele que se oprime em vida.

A felicidade somente se realiza quando eternamente se cultiva a paz nas ações e nas palavras.

Mas mesmo enquanto o homem se ressente da própria pequenez e imperfeição, ainda assim pode fruir na vida, a cada ano, da paz de Jesus, em seu Natal.

Por isso, é permitido ao homem, por misericórdia divina, repletar-se da paz do Mestre Amigo e deixar-se conduzir pelo amor que d´Ele emana, em seu continuado gesto de nascer humilde entre feras, trazendo a luz e disseminando a paz em meio à ignorância e à escuridão.

É Natal! Mais uma vez Jesus renasce no coração da Humanidade!

É Natal! Saudemos e presenteemos o aniversariante com a alegria do serviço no Bem, pondo os nossos braços e as nossas mãos, a nossa vontade e o nosso pensamento na construção da paz entre os horrores, saneando o próprio coração.

Natal é prenúncio de paz entre os homens. É luz intensa a se espraiar na Terra. É a certeza do grande porvir!...

Construamos hoje a paz em nosso íntimo, pois ela é o alimento da felicidade.

Anatole France

44 - O jardim, a flor e o colibri

Havia um paraíso de jardim, onde toda manhã se abriam flores e rosas, espargindo um doce e suave perfume em aragem blandiciosa. As cores, matizes graciosas, enchiam as retinas dos visitantes e a luz solar banhava, em jorros de energia e brilho, a paisagem em reflexos divinais, como bênçãos às criaturas em peregrinação terrena. Os pássaros e as borboletas completavam aquele colorido inolvidável, adicionando graça, leveza e movimento à bucólica paisagem.

Certo dia, um colibri, afetado pelo veneno da maledicência de uma flor impudica de outras plagas, fez-se inquilino do aprazível recanto. Conduzia consigo, a envolvê-lo, a fuligem asquerosa da desesperança e do desentendimento. E, ao beijar a flor em permuta do alimento pela perpetuação da vida vegetal, destilou toda a peçonha na infeliz que logo emurcheceu e morreu, desvitalizou-se e despencou sem vida e feia, esquálida e despetalada, no solo verde em vida.

Soprada pelos ventos da intemperança e do descompromisso, da maledicência e da maldade, espalhou-se de pronto a sórdida substância de tal maneira que, em breve tempo, todo o jardim respirava e assimilava a nuvem negra do ressentimento e da mágoa, do descontentamento e da frialdade, do destempero e da revolta.

O jardim modificou-se em inferno... Tornou-se estéril e seco... O viço antes ali presente e pleno, a denotar vida e harmonia, desapareceu, esmaecido pelo pranto e pela agonia...

Foi preciso esperar longamente pela tempestade, que devastou por completo o jardim e removeu as raízes carunchadas, para que se extinguisse o terrível veneno, ao sabor da força incontida da natureza.

Somente após a destrutiva ação da tempestade, reorganizaram-se a vida e a graça, a paz e o equilíbrio naquele jardim.

Por causa de um momento de intempestiva ação e de incontida irresponsabilidade na palavra, fazem-se noite e sombra que, bastas vezes, só têm fim com o rugir das vagas tempestuosas da expiação.

Carlile Leoni

45 - Depressão

Se trazes na mente o ferrete da tristeza, a ensombrar-te a vida; não desistas nunca de buscar a paz e a esperança, o equilíbrio e a cura da alma.

A tristeza, bastas vezes,
é marca da inconformação com o mundo,
sinal da descrença em si mesmo.

Bom humor, alegria e otimismo
mais não são do que esforço consciente e intento prioritário de viver em comunhão com Deus.

Tristeza é fuligem emocional,
produto da incerteza no futuro
e da resistência ao perdão.

Confia-te, esperançado, às terapias disponíveis para o corpo e o espírito, persistindo, um tanto mais, nos esforços para o estabelecimento da fé no amanhã.

Perdoa-te, em atitude humilde de reconhecimento da transitória imperfeição, e também ao teu próximo, teu irmão de origem, de caminhada e de destino.

Hilário

46 - Os opostos

À noite segue-se o dia.
À sombra segue-se a claridade.

À tempestade, a calmaria,
À chuva segue-se o Sol.

À dor, o prazer do alívio.
À enfermidade segue-se a saúde.

À tristeza segue-se a alegria.
Ao ódio o amor se segue.

Os opostos são recursos didáticos
para o aprendizado do Espírito.

Cada um deve, pois, cuidar de bem aproveitar
todas as lições que a vida lhe proporciona,
entre obstáculos e talentos,
aprendendo com derrotas e vitórias,
ciente de que nada nem ninguém
permanece solitário ou abandonado.

Faze a luz ante as sombras,
com os recursos da caridade!

Faze o dia ante a noite da inércia,
dirigindo a atenção para o teu próximo!

Faze a bonança ante a borrasca,
com o sentimento maior em favor da paz.

Agnello Moretz

47 - Tempestades internas

Martelam-me a mente as palavras,
Tal como fossem pingos de uma chuva
Torrencial, em insistente apelo
Para regar o solo e a semente
Abrir em seu nascente para a vida.

Inquietam-me as idéias em surdo
Sussurrar de trovões. Em mim despertam
O sentimento em sonantes aléias
Pelo impávido vento, estafeta
Que grafa na areia o amor.

Ofusca-me as retinas da alma
A luz toda resplandecente, em palma,
Como um relâmpago a rasgar
De mim o céu agreste e escuro
Partejando a verdade que acalma.

Ah! Temporal de ventos que açoitam
Do meu ser as trevas. E de roncos
Que me acordam da inércia.
E de raios, da luz mensageiros,
Que a cegueira me vêm iluminar!

Fazei-me sempre dócil às vossas
Sugestões. Compreender de vez:
As aflições são iluminados
Caminhos que nos levam a Deus.
Mas que temos Jesus em nosso alívio...

Jerônimo de Mendonça

48 - Das sombras à luz

Os males que aparecem à vista tua
são sombras que povoam teu pensar.
As negras nuvens que te envolvem agora
São, de ontem, o produto da incerteza.
A tempestade que te assusta os dias
são o resultado da semeadura...

Volta-te sempre para a luz divina,
doa-te inteiro à luz do Cristianismo.
E em Jesus, o Mestre, redivivo –
Consolador, em cristalina voz –
terás estudos novos em tua vida
a expressar-te a felicidade.

Caio Etevaldo

49 - Aborto não

Somos sementes caídas
Das mãos do Criador Divino.
O Mundo, em seu solo viemos
Crescer, desabrochar em flores.

Nós somos sementes de vida,
Em luta na lida da Terra,
Promessas para o futuro,
Luz na amplidão do Universo.

Somos sementes de paz,
Em meio às provas da vida.
Temos o alvor da esperança,
Sob capas, no imo d'alma.

Medita, nós somos terreno
Propício à semeadura
Da paz e da luz e da vida
Plena do amor do Infinito!

Dá-nos a tua guarida,
Abre os teus braços, guarda-nos
Dos perigos que nos cercam,
Dos lobos da destruição!

Vem! Cuida-nos como sementes,
Somos o sonho, a saudade...
Franqueia-nos a moradia,
Matriz dourada em teu corpo.

Sementes, terás as flores
Que tratares com carinho,
As rosas, cores, perfumes
Do Bem em teu próprio ninho.

E em forma de agradecimento,
Rogamos em mais argumento:
Não sejas o antigo instrumento
De dor, de flagelo e lamento.

Aborto é ação que o vento,
Sob a lei igualitária,
Sopra inverso, envolve e cala,
De momento a momento.

Estanislau

50 - Olhar de Jesus

Havia um brilho diferente naquele olhar
fitando-me o fundo da alma,

E, no entanto, fervia-me o coração opresso e
ansioso
pelas mundanas glórias.

Aqueles olhos incitavam-me a mudanças
a se operarem em minha intimidade...

Senti, no coração, o brilho da esperança...
Porém, negando do momento a realidade,

teimoso desfiz-me do encanto,
lançando ao longe a oportunidade.

Afinal, o que eu representava
e a que em mim o mérito se devia

Dádiva tamanha receber da vida
senão miragem, sonho, devaneio?!...

Deixando consumir-me da paixão as labaredas,
ainda uma vez, os meus olhos fechei.

Mas o inquietante olhar, profundo e sereno,
ao mesmo tempo, doce e severo,

Minha alma penetrava, grave e insistente,
misto de determinação e apelo.

O tempo passa, passa o tempo, como ao vento
as folhas
e, a cada outono, colho eu da vida

da deserção os frutos, dos sentidos a agonia
própria do orgulho e do desazo.

Mas trago, ainda, em acalanto, aquele olhar ao
longe
à espera dos meus passos para o Alto.

Daquele olhar o som perseverante das palavras
Agora, aos tímpanos do entendimento,

toca-me inteiro e acordo para a vida,
desperto sequioso para a luz:

"Eu vim para que todos tenham vida... e vida plena!"

"Destino-me a servir e não quero a escravidão dos servos".

"São os enfermos o motivo da ação do médico".

"Eu sou o pão da vida que sacia a fome para sempre".

"Em mim, encontrarás o caminho, a verdade e a vida".

E eis-me aqui ciente da insignificância
Que me caracteriza ante o mundo;

da minha pequenez ante a grandeza do Criador,
mas bem desperto para a redenção.

Consciente de ser pelo amor ao próximo
A forma de provar o amor a Deus.

E de que a cada passo na senda do amor
Eu me promovo um pouco em dignidade,

fazendo jus Àquele que em mim permaneceu
por tanto tempo, paciente e bom.

Patrício